AMV

Shindai Sekiguchi

Was ist Zen?

Einführung für Menschen
des Westens

Mit 81 Fotos

Albert Müller Verlag
Rüschlikon-Zürich
Stuttgart · Wien

Aus dem Englischen übersetzt von Lydia L. Dewiel. - Titel des englischen Originals: «Zen. A Manual for Westerners», erschienen bei Japan Publications, Inc., Tokio. - ISBN 3275005723. - 1/4-74. - Printed in Switzerland.

Inhalt

Vorwort

Zen ist in den letzten Jahren ein beliebtes Gesprächsthema geworden, doch Zen besteht nicht aus Worten, sondern aus Tun. Ich habe dieses Buch für die Menschen geschrieben, die dieses Tun kennenlernen möchten.

Viele Menschen haben das Gefühl, daß Zen zwar viel zu bieten hat, aber letztlich über ihren Verstand geht. Andere sagen, daß es wenig mit unserem betriebsamen, gehetzten täglichen Leben zu tun habe. Die allgemeine Vorstellung von Zen ist die einer komplizierten, esoterischen, widersprüchlichen Philosophie, die oft mit dem schwierigen *Satori,* der Erleuchtung, in Verbindung gebracht wird. Allgemein wird angenommen, daß die Zen-Meditation nicht ausgeführt werden kann ohne muskelverzerrende, knochenverrenkende Stellungen, in denen man stundenlang zu verharren hat. Solche Ansichten entsprechen allerdings nicht im geringsten der Wahrheit, und ich hoffe, sie in diesem Buch widerlegen zu können.

Eine weitere verbreitete fälschliche Meinung ist die, daß Zen, oder *Zazen,* eines stillen Raumes bedürfe, in dem man in unbequemer Stellung zu sitzen und an nichts zu denken habe. In Wirklichkeit ist Zen jedoch überall, in allem und in jedem. Es ist sowohl unser Einzelleben als auch die gesamte Gesellschaft. Es ist - oder sollte sein - die grundlegende Kraft, die alle Dinge belebt. Natürlich ist die stille Meditation von Zazen ein Teil des Ganzen, aber eben nur ein Teil. Es gibt verschiedene Arten von aktivem oder dynamischem Zen, die ich in diesem Buch erklären werde. Wie Sie vielleicht wissen, gibt es auch ein Zazen, bei dem man nicht auf einer Stelle sitzt, sondern umhergeht, entweder im Haus oder im Freien. Ich möchte Ihnen auch einige der grundlegenden Gedanken und

Vorstellungen mitteilen, die im Zen enthalten sind, und von denen ich hoffe, daß sie Ihnen bei Ihrer täglichen Tätigkeit helfen.
Schließlich möchte ich ein Mißverständnis klären, das hinsichtlich der geistigen Techniken des Zazen und über die Weise besteht, wie sie zu Satori, der Erleuchtung, führen. Die übliche Meinung glaubt, daß man den Geist von allen Gedanken und Vorstellungen entleeren müsse, um diesen Zustand zu erreichen. Das stimmt tatsächlich, aber das erstrebte Ziel kann nicht dadurch erreicht werden, daß man bewußt versucht, an nichts zu denken. Wir sind alle mehr oder weniger wie Kinder, denen es nicht in den Sinn käme, eine bestimmte Sache zu tun - es sei denn, man würde ihnen sagen, sie dürften sie nicht tun. Sobald das Verbot ausgesprochen ist, wird es fast unmöglich, es nicht zu durchbrechen. Ähnlich verhält es sich, wenn ich einem Freund auftrage, nicht an einen roten Affen oder an ein gelbes Nilpferd zu denken: das Tier schießt ihm blitzartig in den Sinn - und schon habe ich meinen Beweis. Zen ist eine Selbstzucht, die uns den Eintritt in das Gebiet des Nicht-Gedankens verschafft. Es ist die Anstrengung, die uns dabei hilft, unser wahres Selbst wiederzuentdecken.

Shindai Sekiguchi

Einführung

Dieses Buch ist ein Handbuch. Es hat also den Zweck, denen ein Führer zu sein, die nur wenig oder vielleicht auch gar nichts über den Zen-Buddhismus wissen. Und es ist bestimmt für westliche Menschen, bei denen nicht vorausgesetzt werden kann, daß sie den traditionellen und historischen Hintergrund des buddhistischen Glaubens kennen. Natürlich ist es in einem Buch mit einer Zielsetzung nicht möglich, tiefer in das weite Wissensgebiet um den Buddhismus einzudringen, doch ohne ein gewisses Maß von Kenntnissen seiner Ursprünge und Lehren wird der Leser kaum die Bedeutung von Zen erfassen können und den Wert nicht erkennen, den es für das tägliche Leben haben kann. Dementsprechend habe ich diese Einführung aufgebaut: ich umreiße darin zuerst die grundlegenden Lehren des Buddhismus und bringe sie in Verbindung zur Zen-Meditation. Dann gehe ich etwas gründlicher auf die geistigen Voraussetzungen und körperlichen Wirkungen von *Zazen,* der Zen-Meditation im Sitzen, ein.
Diesen einführenden Bemerkungen folgen Anweisungen für wirksames Zazen und für dynamische oder aktive Meditation. Das Buch schließt mit Beispielen für die Bedeutung von Zen im täglichen Leben und mit einem kurzen Eingehen auf die Erleuchtung *(Satori),* das höchste Ziel aller Zen-Bemühungen.
Der Buddhismus ist eine indische Religion oder religiöse Philosophie, die von dem historischen Buddha gestiftet wurde, der im sechsten Jahrhundert v. Chr. lebte. Der Buddhismus lehrt, daß alle Dinge eins und voneinander abhängig sind und das irdische Leben ein Übergang voll Kummer und Leid. Dieses Leid hat seinen Ursprung in den Begierden und kann daher nur ausgerottet werden durch die Befreiung von den Begier-

den. Der Weg, dies zu erreichen, ist der «heilige achtfache Pfad», der Anweisungen für ein gerechtes Leben enthält, das auch erfüllt sein muß von Konzentration und Meditation. Der Tod des Einzelwesens bringt der Seele nicht Erlösung vom Leid - der Ausdruck «Seele» übrigens, wie er im Westen gebraucht wird, trifft unseren Begriff zwar nicht ganz, doch verwende ich ihn der Einfachheit halber -; denn sie muß auf dieser Erde wiedergeboren werden, bis sie die Erleuchtung erreicht, das heißt, bis sie in der Intuition die Wahrheit empfängt. Die Seele, wie sie sich in jeder neuen Geburt offenbart, ist geprägt durch ihre Taten und ihre Beschaffenheit in ihren vorausgegangenen Leben - so bestimmt es das alles durchdringende Gesetz von Ursache und Wirkung *(Karma).* Wenn die Seele frei ist von aller weltlichen Begierde und von ihrer Verhaftung an die Dinge des menschlichen Lebens, ist sie auch frei vom Gesetz der Ursache und Wirkung und demnach erlöst von dem sich wiederholenden Kreislauf Geburt - Leben - Tod - Wiedergeburt. Ist dieser Zustand erreicht, dann geht die Seele in das freudenreiche Nirvana ein - das friedvolle Aufgehen des einzelnen im alles umschließenden Einen. Diese grundlegenden Glaubensüberzeugungen wurden erst Jahrhunderte nach dem Tod Buddhas niedergeschrieben oder kodifiziert, doch als ihre Gedankenwelt sich ausbreitete, geschah es in Begleichung von so viel Gelehrsamkeit und literarischer Aktivität, daß das Textmaterial enorm anwuchs, der Text sehr kunstvoll wurde und äußerst kompliziert. Trotzdem, es gab auch für die Ungelehrten einen Weg zum Nirvana, und das war die Meditation.

Die Upanischaden, alte indische Weisheitsbücher, die sich mit der Natur des Menschen und des Kosmos befassen, erzählen von Heiligen, die über das Wesen des Menschen meditierten und dabei lange Zeiten hindurch unter Bäumen saßen. Buddha selbst meditierte auf der Suche nach dem Sinn aller Dinge lange unter dem berühmten Baum Bo, aber es war eine Meditation, die konkrete Gedanken zum Inhalt hatte. Er fand schließlich heraus, daß diese Art von Meditation allein nicht zu dem Ziele führte, das er erreichen wollte. Man kann entweder meditieren über etwas oder über nichts. Für den Buddhisten, der nach vollkommener Freiheit strebt, ist der zweite Weg ergiebiger.

Tschan - japanisch «Zen» ausgesprochen - bedeutet Meditation. Sie soll von Bodhidharma, dem Ersten Patriarchen, im sechsten Jahrhundert aus Indien nach China gebracht worden sein. Die Meditation als solche ist keineswegs eine ausschließliche Eigenheit des Zen, doch die Art, wie sie im Zen ausgeübt wird, findet man nur bei ihm. Als grundsätzlich nicht auf Gelehrsamkeit beruhende religiöse Praxis lehrt Zen die Wichtigkeit direkten Kontakts mit der Seele und einer intuitiven, nicht intellektuellen Erleuchtung, die entweder allmählich oder plötzlich erreicht wird, je nach den Fähigkeiten des einzelnen Menschen. Während seiner langen geschichtlichen Entwicklung in China erfuhr Zen viele Wandlungen und Veränderungen. Es brachte Schulen hervor, von denen einige Bestand hatten, wogegen andere sich nicht halten konnten. Zen kam ziemlich früh nach Japan und nahm vor allem während der Kamakura-Periode (1185-1333) einen gewaltigen Aufschwung. Es war die Herrschaftszeit eines Kriegerstandes, dem die klaren, geistig unkomplizierten Zen-Ideen besonders gut entsprachen. Zen hat die Kultur des gesamten Fernen Ostens sehr stark beeinflußt. Heute spielt es die größte Rolle in Japan, es hat aber in letzter Zeit auch zahlreiche Anhänger in Europa und den Vereinigten Staaten gewonnen. Trotz der vielen Wandlungen, die es erlebte, ist Zen nicht abgerückt von der ursprünglichen Idee der Selbstzucht und der Erleuchtung, die durch Meditation gewonnen werden.

Die für Zen aufzubringende Disziplin erscheint dem Anfänger hart, doch sie beruht, wie ich später erklären werde, auf dem Prinzip der Ermahnung, nicht auf dem des Verbotes. Ein Teil der Lebensweise, der die Zen-Mönche folgen, ist völlig anders als alles, was man außerhalb des Zen-Bereiches antreffen kann: der *Koan.* Es handelt sich beim Koan um paradoxe Probleme, die sich meist der Logik entziehen. Sie haben den Zweck, den Menschen dazu zu bringen, sich nicht auf die Logik zu verlassen. So wird der Weg zur Erleuchtung frei gemacht, die nur aus der Intuition kommen kann. Ich werde am Schluß des Buches näher auf das Studium des Koan eingehen.

Ich widme einen großen Teil dieses Buches der Meditation im Sitzen, und in der Tat ist Zazen höchst wichtig; doch ich muß noch einmal mit allem Nachdruck darauf hinweisen: Zen ist wie die Luft um uns herum - damit es uns nützlich wird, brauchen wir es nur zu erfassen. Indes, der Anfänger muß einige grundlegende Dinge über das Wesen der Meditation wissen und über ihre Wirkungen. Von diesen Dingen ist in den nächsten Abschnitten die Rede.

Zen ist im Grunde der Menschen Wiederentdeckung der menschlichen Natur, aber wie alle abstrakten Dinge wird es verschieden interpretiert. So neigen zum Beispiel manche von seinen vielen Anhängern in Europa und den Vereinigten Staaten dazu, Zen als ein mystisches orientalisches Beruhigungsmittel anzusehen. Schon bevor Zen so populär geworden war wie heute, beschränkte sich das Interesse dafür hauptsächlich auf die Gebiete Psychologie und physiologische Therapie. Und in Japan wird Zen heute oft wegen seiner heilenden Wirkungen auf den Geist und seines beruhigenden Einflusses auf die Seele studiert. Natürlich ist es wahr, daß Zen eine wirksame Behandlungsmethode für Geist und Seele sein kann. Seine therapeutische Wirkung auf Neurosen ist bekannt, und Lungensanatorien wenden die Zen-Methoden manchmal mit erstaunlich guten Erfolgen an. Doch diese zwei Seiten von Zen sind nur ein Teil von dem, was es uns zu bieten hat.

Um den tiefen Sinn von Zen zu ergründen, unterwerfen wir uns einigen Regeln, doch sie sind nur Mittel zum Zweck. So sagt zum Beispiel ein japanisches Sprichwort: «Wenn du eine Sekunde in der Zazen-Stellung sitzt, wirst du ein Buddha.»

Das bedeutet nichts anderes, als daß Zazen ein Weg ist, um eine höhere Stufe zu erreichen. Es bedeutet nicht, daß die Meditation im Sitzen der einzige Weg ist, und es besagt ebensowenig, daß das Sitzen in einem Tempel stattzufinden hat oder auch nur auf einem Stuhl. Um wirksam zu meditieren, kann man überall und zu jeder Zeit sitzen oder stehen. Man kann sogar eine sinnvolle Zen-Meditation ausüben, während man geht, Geschäfte abwickelt oder ißt.

Wie ich schon gesagt habe, ist Zen, da es etwas Abstraktes ist, falschen Deutungen ausgesetzt. Man kann es nicht in die Hand nehmen, nicht anschauen und nicht mit Worten erklären, und daher hat jeder die Möglichkeit, Zen auszudeuten, wie er will. Die Verwirrung, die dabei entsteht, ist begreiflich, sobald man bedenkt, wie verschieden sogar konkrete Gegenstände auf verschiedene Beobachter wirken. Um Fehlinterpretationen zu vermeiden, teilte einst ein Zen-Priester namens Tendai Zen in zehn Abschnitte auf und jeden von diesen Abschnitten in zehn Teile. Seine Einteilung stimmt mit den geistigen Zuständen und Wandlungen und einigen der Probleme überein, denen man während der Übung von Zen begegnet. Leider kann jedoch dieses System, obwohl es viele Gefahren falscher Interpretation ausschaltet, selbst zum die Gedanken fesselnden und daher ablenkenden Hindernis auf dem Weg zum wahren Zen werden, wenn man vergißt, daß es nur ein Hilfsmittel ist.

Der Leser darf mich aber nicht mißverstehen. Obwohl Zazen nur ein Werkzeug ist, ist es so wichtig, daß sogar ein Versuch, es korrekt zu üben, von großem Nutzen sein kann. Denn es verhilft dazu, sich selbst klarer zu erkennen. In Zen-Tempeln oder -Klöstern werden jedes Jahr mehrere Wochen für intensive, wochenlange Meditationsperioden angesetzt, genannt *Sesshin* – «tiefe Durchdringung des Herzens». Das menschliche Herz ist ein Ganzes: alle Gedanken, gute wie auch schlechte, kommen aus einer Quelle. Überdies fließen diese Gedanken ständig in einem ununterbrochenen Strom, und folglich überwältigt die Flut der Gedanken oft den Menschen

und macht es ihm unmöglich, ihren Ursprungsort zu untersuchen. Die Wochen des Sesshin nun verhelfen zu der seltenen Gelegenheit, sich selbst deutlich zu sehen; diese Wochen sind sogar meist so aufgebaut, daß es nichts anderes zu tun gibt. Nach ein paar Tagen der Meditation fallen die äußeren Schichten verworrenen Denkens ab, und zurück bleibt nur der Kern. Dann erkennt man, daß weder die Arbeit noch andere Menschen, sondern etwas sehr anderes und endlich Bedeutenderes das menschliche Leben beherrscht. Zazen kann also sehr hilfreich sein, um in der Selbsterkenntnis weiterzukommen, doch der Weg wird nicht immer eben sein und nicht immer stetig aufwärtsführen: er kann stufenweise verlaufen. Der Zen-Begriff des *Choda* (wörtlich «ein Fall aufwärts») weist auf den oft erfahrenen geistigen Zustand hin, bei dem es den Anschein hat, daß der Übende nicht über einen bestimmten Punkt hinaus fortschreitet. Es ist, als habe man einen Gipfel erreicht, von dem aus es nur noch den Weg abwärts gibt. Beim Zen ist das jedoch nicht der Fall: Man erreicht ein Plateau und hält sich vielleicht eine Weile auf ihm auf, doch auf die Dauer gibt es nur den Weg, der nach oben führt.
Mit anderen Worten, man muß das Problem sowohl auf den Körper als auch auf den Geist beziehen, anstatt sich von der schwierigen Frage, wie man in das geistige Gebiet des Nichtdenkens und Nichtvorstellens eintritt, ganz in Anspruch nehmen zu lassen. Bevor man die Bedeutung von Zazen erfassen kann oder von Zen selbst, muß man auch von der körperlichen Seite her wissen, was es heißt, ohne Gedanken und Vorstellungen zu sein. Der richtige Weg, dies zu erreichen, ist, sich zuerst auf die physischen Seiten der Disziplin zu konzentrieren. Die vielen Menschen, die das Gebiet des Nichtdenkens und Nichtvorstellens für rein geistig halten und seine physischen Seiten nicht beachten, könnten nicht an ihr unvollkommenes Ziel gelangen, wenn sie sich betrinken oder in einen tiefen, traumlosen Schlaf verfallen würden. In beiden Zuständen ist der Geist von Gedanken und Vorstellungen frei,

doch der Zustand des Körpers macht diese beiden Arten von Trance völlig bedeutungslos.
Vielleicht kann ich mich besser verständlich machen, wenn ich einige einfache Beispiele anführe. Man denkt selten an seine Zähne, bis man Zahnschmerzen bekommt. Dann wird aus dem kranken Zahn und oft auch aus seinen gesunden Nachbarn eine Zwangsvorstellung. Wie oft denkt ein Mensch bewußt an den Vorgang des Gehens, bevor ein verletztes Bein das Gehen zur Qual macht? Ich kann ähnliche Beispiele auch auf das Gebiet seelischer Reaktionen übertragen. Da gibt es die Sorte von Menschen, die sich beklagen: «Ich habe mein Bestes getan und war immer gut zu ihnen, und sie denken nie an mich», oder: «Ich opfere mich für ihn auf, und es ist ihm egal.» Aber wenn der Klagende wirklich sein Bestes getan oder sich im höchsten Sinn des Wortes aufgeopfert hätte, würde er wahrhaftig niemals so niedrige Gedanken haben. Ähnlich ist es, wenn jemand ganz einer Arbeit hingegeben ist: Er ist so sehr Bestandteil der Arbeit, daß er nicht die Zeit hat, an den Arbeitsvorgang zu denken.
In analoger Weise sind diese Gegebenheiten der menschlichen Natur mit dem Zen-Begriff der Erleuchtung, des *Satori* zu verbinden. Der beste Weg, um wahres Zen zu erfahren und so *Satori* zu erreichen, ist, den Körper in einen Zustand vollkommenen Gleichgewichts und vollkommener Ruhe zu bringen, so daß man ihn nicht mehr wahrnimmt - ebenso wie die Zähne nicht mehr wahrgenommen werden, wenn sie gesund sind, und ein wirklich opferbereiter Freund niemals seine Opfer bemerkt. Um diesen Zustand des Gleichgewichts und der Ruhe zu erreichen, folgen wir bestimmten körperlichen Regeln: zuerst wird die richtige Stellung eingenommen, dann wird der Atem reguliert, und schließlich wird für innere Ruhe gesorgt.
Diese drei einfachen Schritte sind nicht allein auf den Zen-Gebrauch beschränkt, sie können bei der Arbeit oder jeder anderen Tätigkeit nützlich sein. Es gibt für jede Arbeit eine

bestmögliche Stellung oder Haltung. Nachdem sie eingenommen und der Atem reguliert ist, kann man sich der vorliegenden Aufgabe mit voller Kraft widmen und daher hervorragende Resultate erzielen.

Beim Zazen ist es wichtig, den Geist von Gedanken und Vorstellungen zu befreien. Das ist natürlich nicht einfach, denn so perfekt auch die Körperstellung, das Atmen und die Handhaltung sein mögen - solange nicht etwas getan wird, um die Tätigkeit des Geistes zu zügeln, kann er vollkommen außer Kontrolle geraten. Die Methode, die im allgemeinen angewendet wird - ein System, um die geistige Sammlung zu fördern - ist nur bis zu einem gewissen Grade hilfreich, doch der Anfänger empfindet sie immer als wertvoll. Diese Methode besteht darin, die Atemzüge zu zählen. Das Verfahren ist einfach: man zählt die Atemzüge von eins bis zehn, wobei man Einatmen und Ausatmen getrennt zählt oder auch beides zusammen als einen Atemzug ansieht. Mehr ist nicht zu tun, aber man wird feststellen, daß es einige Zeit dauert, bis man fähig ist, eine vollständige Serie (bis zehn) mit Erfolg durchzuführen. Ich habe an die drei Jahre dazu gebraucht, und zwar aus einem Grund, den das kleine ironische Gedicht deutlich macht:

Beim Zazen
Denke ich
An die Schulden, die ich letztes Jahr gemacht.

So etwas geschieht sehr oft. In dem ruhigen Saal, wo nichts die Aufmerksamkeit ablenkt, drängen sich einem alle möglichen Gedanken und Erinnerungen auf. Angenehme und unangenehme Gedanken, Dinge, die man anderen weder schriftlich noch mündlich mitteilen könnte, peinliche oder beschämende Vorstellungen durchziehen das Gehirn.

Der Strom kann jedoch eingedämmt werden, wenn man nicht zu heftig gegen ihn ankämpft. Vielleicht kann den Lesern meine Erfahrung, auf passive Art mit Gedanken fertig zu werden, verstehen helfen, wie dieser Prozeß sich vollzieht.

Während meiner Zazen-Ausbildung entschloß ich mich einmal, meinen Gedanken ganz freien Lauf zu lassen. Ich machte keinen Versuch, sie zu führen oder zu beherrschen, weil ich das Gefühl hatte, daß mein Gehirn schließlich müde werden würde, wenn es endlos von einem Gedanken zum andern jagte, und daß sich schließlich Ruhe einstellen müßte. Doch ganz das Gegenteil geschah. Nach zwei, drei Tagen, die mit zwölf- bis dreizehnstündigem Zazen ausgefüllt waren, zeigten sich keine Anzeichen für ein Nachlassen meines Gedankenstromes. Im Gegenteil, jeder Gedanke brachte andere, noch attraktivere mit sich. Ich kam auf Gedanken, an die ich zuvor nicht im Traum gedacht hätte, und war erstaunt über meine Erinnerungsfähigkeit. Nach vier, fünf Tagen machte ich interessante Entdeckungen. Zunächst stellte ich fest, daß manche Gedanken immer wiederkamen, und daß mich auf einmal nur noch diese sich wiederholenden Gedanken fesselten. Alle anderen waren wie weggeblasen. Diese zwangshaften Gedanken erschienen in keiner bestimmten Reihenfolge, doch allmählich wurden ihrer immer weniger, bis sie für einen kurzen Moment ganz aufhörten: Einen Augenblick lang erreichte ich den Zustand der völligen Entleerung von Gedanken und Vorstellungen. Diese Zustände dauerten jedoch nie lange, und das Durcheinander der Gedanken und Vorstellungen begann wieder von neuem und beschwerte meinen Geist.

Das zweite interessante Phänomen, dem ich in dieser Zeit begegnete, war folgendes: Ich hatte das Gefühl, immer größer zu werden. Ich fühlte mich so groß wie der Fudschijama. Wolken schienen meinen Leib zu umhüllen, mein Oberkörper erhob sich über ihnen wie ein riesiger Berggipfel. Aus meiner luftigen Höhe schien das Mischmasch verworrener Gedanken, das meinen Geist zuvor abgelenkt hatte, weit unterhalb der Wolken. Vielleicht rumorten sie in den tieferen Regionen des Berges - meines Körpers -, doch sie standen mit meinem wirklichen Selbst nicht in Beziehung.

Nun, meine persönlichen Erfahrungen mögen nicht unwichtig sein, doch der Anfänger möchte jetzt wissen, wie er den Zustand der friedlichen Gedanken-Leere erreicht. Der Weg scheint zunächst einfach, doch es braucht seine Zeit, um das Ziel zu erreichen. Lassen Sie mich die wesentlichsten Punkte erklären.

Zazen ist im Grunde die Herstellung einer Harmonie zwischen Körper, Atem und Seele. Deswegen sind die richtige Körperstellung, der regulierte Atem und eine ruhige Gemütsverfassung die drei Komponenten, die, wenn sie sich harmonisch verbinden, zur Einheit werden, die Zazen bedeutet. Obwohl die herkömmliche Zazen-Stellung der Lotossitz ist – oder etwas sehr Ähnliches –, kann Zazen Teil jeder Tätigkeit sein. Will man Zazen maximal ausnützen, so muß man immer versuchen, die richtige Stellung zu finden, wie sie die augenblickliche Tätigkeit erfordert. Wenn man mit einer Berufsarbeit oder anderen Beschäftigung beginnt, sollte man zuerst überlegen, welches die beste Körperstellung und Atemmethode dafür ist, und sich erst dann der Herstellung der rechten Gemütsverfassung widmen.

Zazen kann also nur dann wirksam sein, wenn man die richtige Körperstellung eingenommen hat und den Atem beherrscht. Die mangelnde Erziehung des Körpers ist die häufigste Ursache, wenn es mißlingt, den Geist von allen Gedanken zu befreien. Wie ich schon sagte, haben entschlossene Versuche, den Geist von ablenkenden Vorstellungen zu befreien, häufig eine unerwünschte Wirkung. Dies geschieht jedoch nicht, wenn der Körper zuerst von allen überflüssigen Dingen befreit wird. Wenn man zum Beispiel verstopft ist – angefüllt mit unnötigem Stoff –, so ist es unmöglich, wirkliches Zazen auszuüben. Wenn man verstopft ist, hat darunter jede Art von Tätigkeit zu leiden. Die Wichtigkeit des tiefen Atmens leitet sich, unter anderem, von dieser Einsicht ab, denn das Ausatmen löst Schmerz, Unbehagen – und auch ablenkende Gedanken. Deswegen müssen alle Zazen-Übungen mit mehreren tiefen, ruhigen Atemzügen beginnen.

In den letzten Jahren sind in Japan verschiedene wissenschaftliche Untersuchungen gemacht worden, die sich mit den Wirkungen von Zazen befassen, doch soviel ich weiß, wurde keine von ihnen in eine westliche Sprache übersetzt. Ich möchte wenigstens zwei von ihnen kurz zitieren. Die erste ist eine psychologische Untersuchung von Dr. Koji Sato. Er stellt zusammenfassend fest:

1. Durch die Ausübung von Zazen können manche körperliche Krankheiten geheilt werden.
2. Manche Neurosen lassen sich abbauen.
3. Die Geduld nimmt zu.
4. Der Wille wird gestärkt.
5. Die Leistungsfähigkeit wächst.
6. Das Denkvermögen nimmt zu.
7. Vollere Integration der Persönlichkeit wird erreicht.
8. Die Erleuchtung (Satori oder geistige Einsicht) kann erreicht werden.
9. Ein Gefühl seelischer Stabilität wird gewonnen.
10. Die geistigen Fähigkeiten nehmen zu.

Im zweiten Werk untersucht Dr. Usaburo Hasegawa die physischen Resultate der Zazen-Praxis und stellt fest, daß die folgenden Erkrankungen geheilt werden können:

1. Neurosen.
2. Übersäuerung des Darmtraktes und Magens.
3. Blähsucht.
4. Tuberkulose.
5. Schlaflosigkeit.
6. Verdauungsstörungen.
7. Chronischer Magen-Darmkatarrh.
8. Atonischer Magen und Darm.
9. Chronische Verstopfung.
10. Durchfall.
11. Gallensteine.
12. Hoher Blutdruck.

Beide Wissenschaftler sind hoch qualifiziert, und ihre Untersuchungen verdienen weitere Auswertung.

Zazen

Es ist diese bewegungslose Art des Zen, an die die meisten Menschen denken, wenn von Zen-Buddhismus die Rede ist. Da Zazen eine jahrhundertealte Tradition hat, haben sich eine große Zahl von Regeln ausgebildet. Einige von ihnen werden im folgenden Abschnitt behandelt. Natürlich steht es Ihnen frei, wie weitgehend Sie diese Regeln befolgen wollen, doch haben schon viele Menschen sie sehr nützlich gefunden. Passen Sie die hier gemachten Vorschläge Ihren eigenen Möglichkeiten soweit an, wie es Ihnen nötig scheint - am Anfang ist es aber unumgänglich, eine solide Grundlage zu gewinnen.

Vorsichtsmaßregeln für Zazen

Nahrung

1. Richtiges Zazen zu üben, ist schwierig, wenn der Magen entweder zu voll oder zu leer ist.
2. Zazen ist schwierig, wenn man an Leibschmerzen, Durchfall oder anderen körperlichen Störungen leidet.
3. Schwere Kost ist zu meiden.
4. Zazen soll man nicht direkt nach dem Essen ausüben.
5. Man sollte sich erleichtern, bevor man mit Zazen beginnt.

Schlaf

1. Auch hier gilt, was für die Ernährung gesagt wurde: zu viel oder zu wenig Schlaf ist hinderlich.
2. Das Dösen während der Zazen-Sitzungen ist verboten.

Kleidung
1. Die Kleidung ist zu lockern, besonders um die Taille.
2. Die Kleidung muß adrett sein.
3. Zur Meditation sind wir barfuß, auch im Winter.

Bewegung
1. Vor der Ausübung von Zazen und während der Ruhepausen soll man sich gemessen bewegen. Schnelle oder heftige Bewegungen machen es schwer, Atem und Herzschlag zu beherrschen.
2. Im Meditationsraum legt man beim Gehen die Handflächen aneinander und hält die Hände vor der Brust.

Vorbereitende Übungen

Es ist empfehlenswert, die folgenden Übungen auszuführen, bevor man mit dem eigentlichen Zazen beginnt. Zuerst nehmen Sie die Stellung ein, in der Sie auch meditieren. Die Abbildungen zeigen sie.

Kopfdrehen
1. Drehen Sie den Kopf so weit es geht nach links.
2. Dann drehen Sie ihn so weit es geht nach rechts.
3. Übung dreimal in jeder Richtung wiederholen.

Kopfneigen seitlich
1. Neigen Sie den Kopf langsam nach links, bis sich die Sehnen des Halses spannen.
2. Gleiche Bewegung nach rechts.
3. Übung dreimal in jeder Richtung wiederholen.

Rumpfbeugen seitlich
1. Lassen Sie Ihre Hände im Schoß liegen und beugen Sie den Rumpf nach links. Wenn Sie auf den Fersen sitzen *(Seiza),*

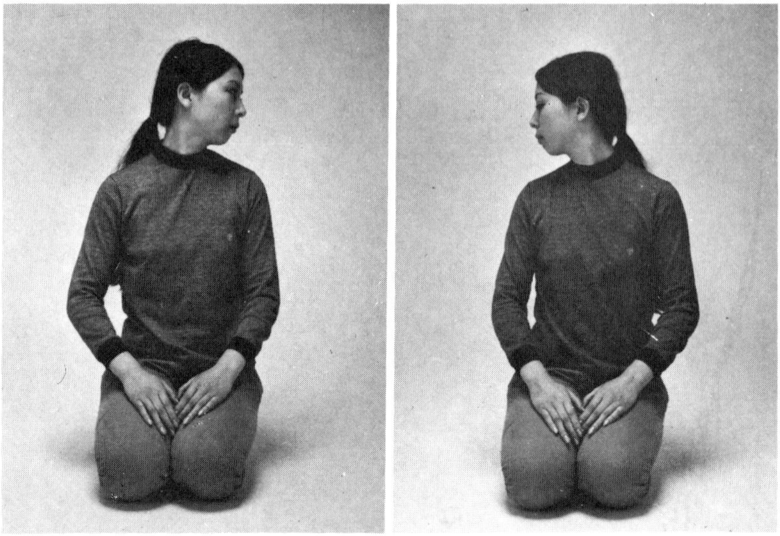

Kopfdrehen.

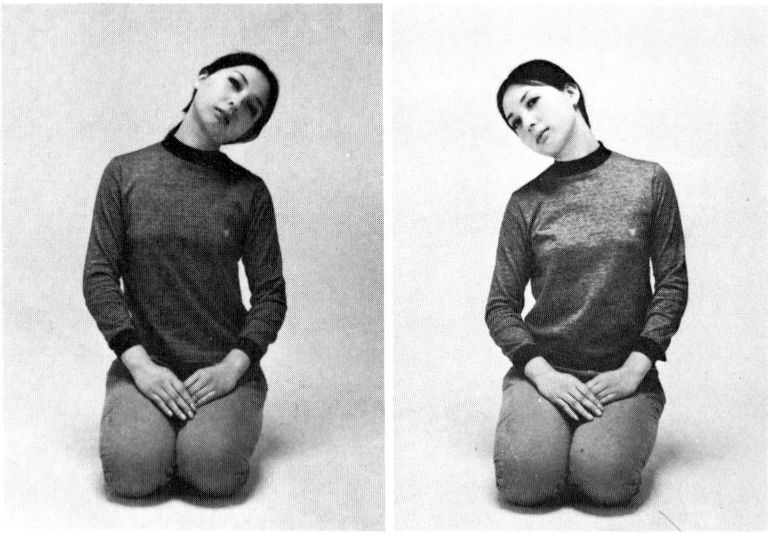

Kopfneigen seitlich.

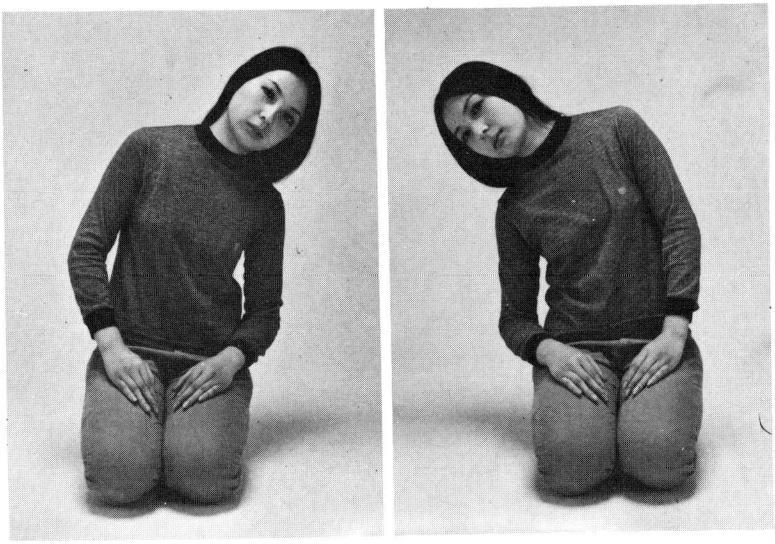

Rumpfbeugen seitlich.

sollen Füße und Beine fest auf der Matte oder dem Boden liegen bleiben. Beugen Sie den Rumpf, bis Sie fühlen, daß sich die Muskeln an Taille und Hals spannen.

2. Rumpf nach rechts beugen.
3. Übung dreimal in jeder Richtung wiederholen.

Rumpfbeugen zu den Zehen

1. Auf der Matte oder auf dem Boden sitzen, Beine gestreckt.
2. Arme ausstrecken und mit den Fingerspitzen auf die Zehen tippen. Zwei- bis dreimal wiederholen.
3. Mit den Handflächen auf die Zehen tippen. Zwei- bis dreimal wiederholen.
4. Rumpf beugen, bis die Handgelenke die Zehen berühren.
5. Rumpf beugen, bis die Stirn die Knie berührt. Wenn die Knie nicht gestreckt bleiben, drücken Sie sie mit den Händen hinab.

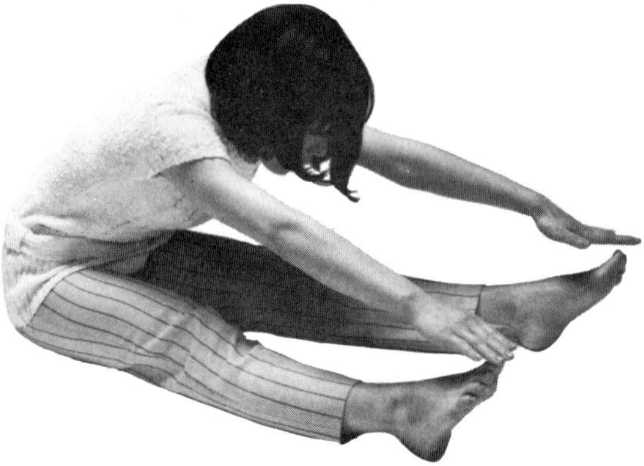

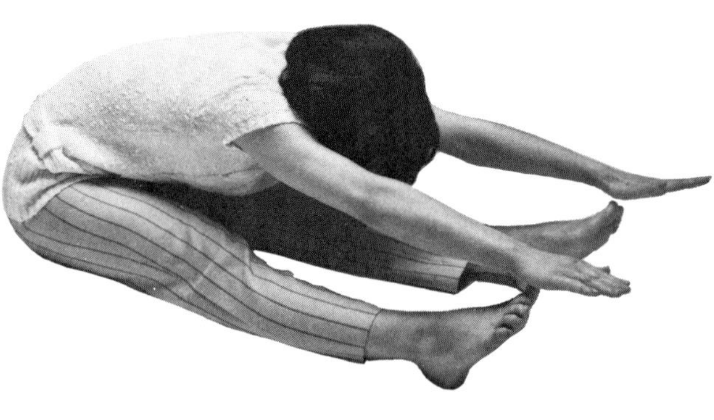

6. Nun führen Sie die Übungen eins bis fünf aus und öffnen allmählich die Beine – zuerst um dreißig Grad, dann um sechzig, neunzig und schließlich um etwa hundert Grad.

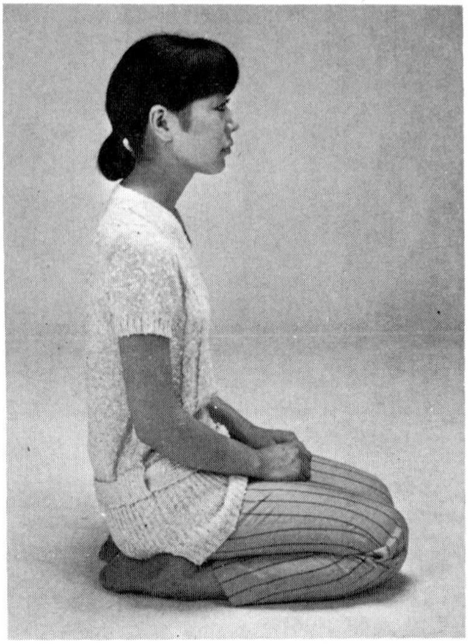 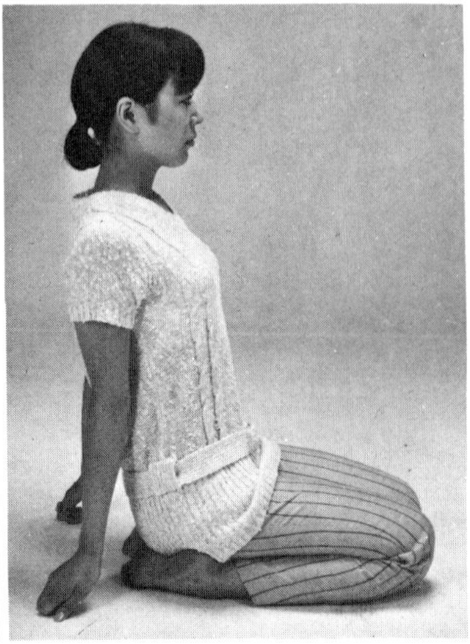

Rückwärts beugen

1. Den Rücken wölben und dabei die Schultern so weit zurücknehmen, wie Sie es bei einem tiefen Gähnen tun würden.
2. Arme und Schultern so weit es geht zurückstrecken.
3. Brustkorb und Bauch so weit wie möglich herausstrecken.
4. In dieser Stellung bleiben, den Mund öffnen und alles Unnötige tief ausatmen.
5. Übung zwei- bis dreimal wiederholen.

Mit untergeschlagenen Beinen auf dem Rücken liegen

Die folgenden Übungen erfordern Training.

1. Mit untergeschlagenen Beinen so weit zurücklehnen, bis Sie flach auf dem Boden liegen.
2. Die Knie sollten möglichst auf der Matte oder dem Boden bleiben.

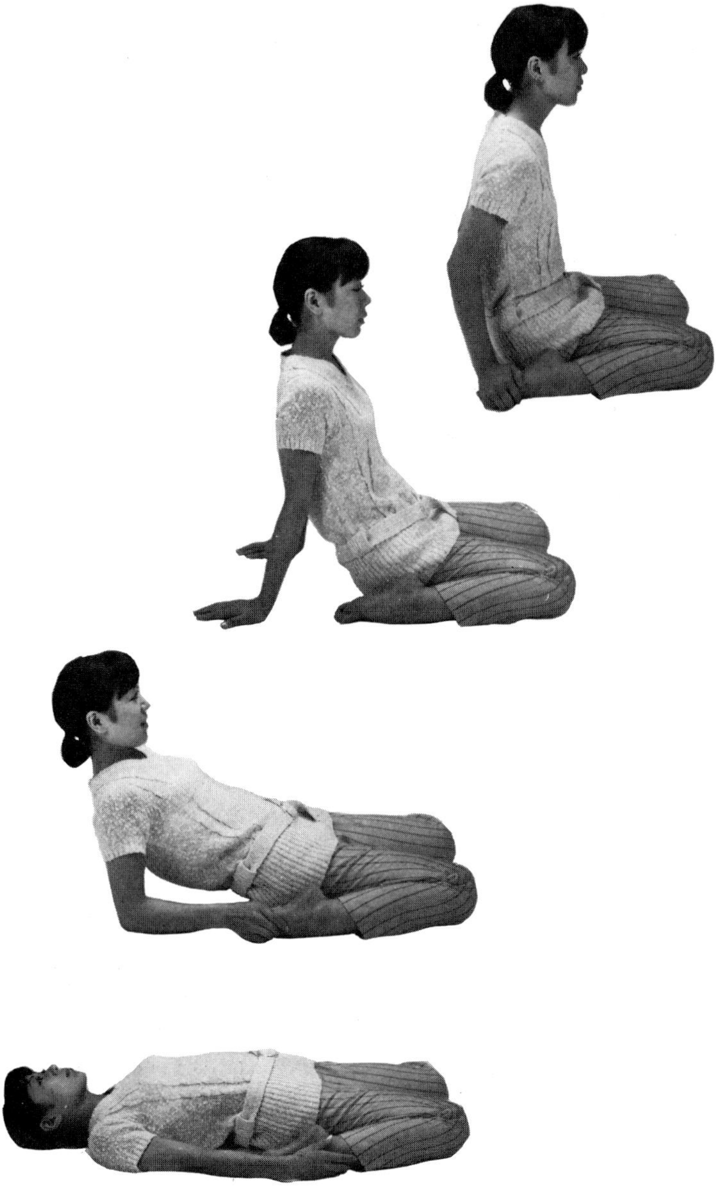

Die Knie tippen auf den Boden

1. In der eben beschriebenen Stellung bleiben, nacheinander die Knie heben und mit jedem zwei- bis dreimal auf den Boden tippen. Dann zwei- bis dreimal mit beiden Knien zugleich auf den Boden tippen.
2. Beim Aufstehen die Arme zu Hilfe nehmen.

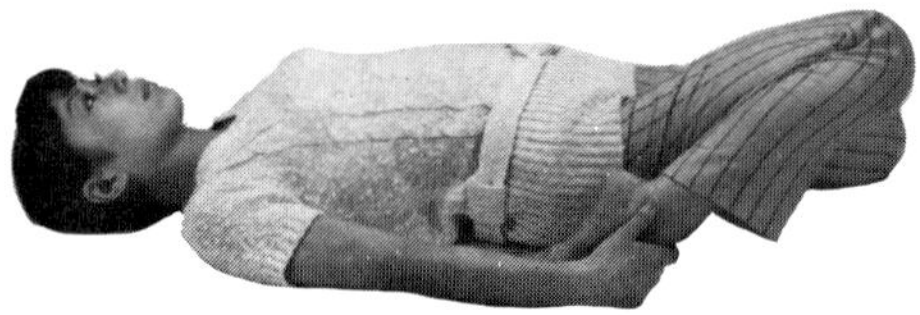

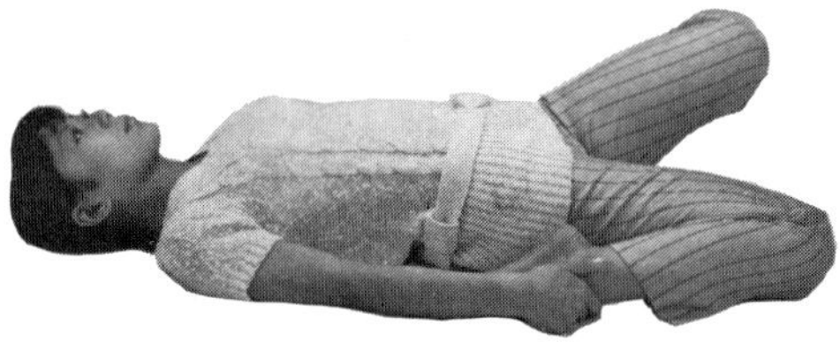

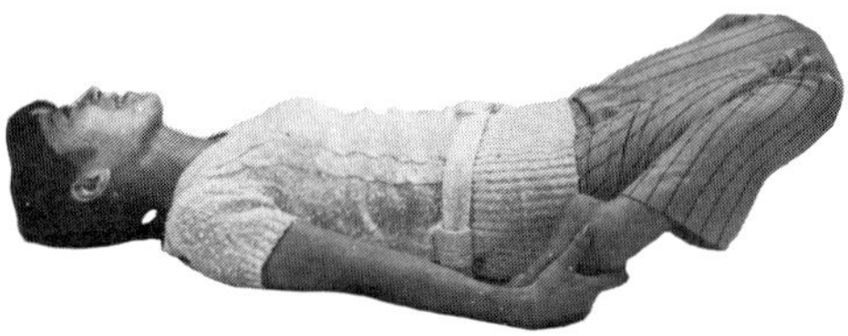

Die Wirkung der Übungen

Zweck dieser Übungen ist es, sich die wichtigsten Teile des Körpers ins Bewußtsein zu bringen. Wer die beschriebenen Übungen vor jeder Zazen-Sitzung gewissenhaft ausführt, kommt ganz natürlich zu der richtigen Haltung. Darüber hinaus werden die Bauchorgane gestärkt, Verstopfung ist meist in drei bis vier Tagen behoben, Verspannungen am Hals und an den Schultern verschwinden allmählich, Schlaflosigkeit und

Nervosität machen sich weniger bemerkbar, die Spannkraft der Muskeln nimmt zu, und die Beine bekommen eine schönere Form.

Wenn Sie Zweifel haben, machen Sie die Übungen eine Woche oder zehn Tage lang jeweils nach dem Bad. Je länger Sie diese täglichen Übungen fortsetzen, desto verblüffender wird ihre Wirkung sein.

Traditionelle Zazen-Stellungen

Voller Lotossitz (Kekkafuza)

Diese Stellung erfordert Übung.

a) Der rechte Fuß liegt auf dem linken Oberschenkel *(Gomaza).*

1. Zuerst auf indische Art sitzen: die Füße sind an die Lenden gezogen.
2. Nehmen Sie den rechten Fuß und legen Sie ihn auf den linken Oberschenkel.

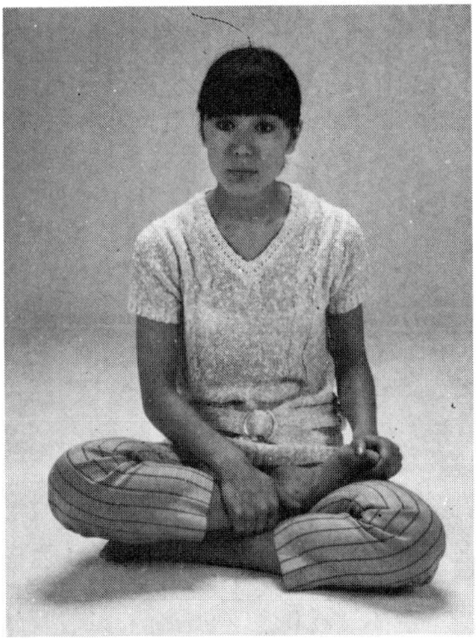

3. Dann nehmen Sie den linken Fuß und legen ihn auf den rechten Oberschenkel. Die Knie liegen dabei auf der Matte.

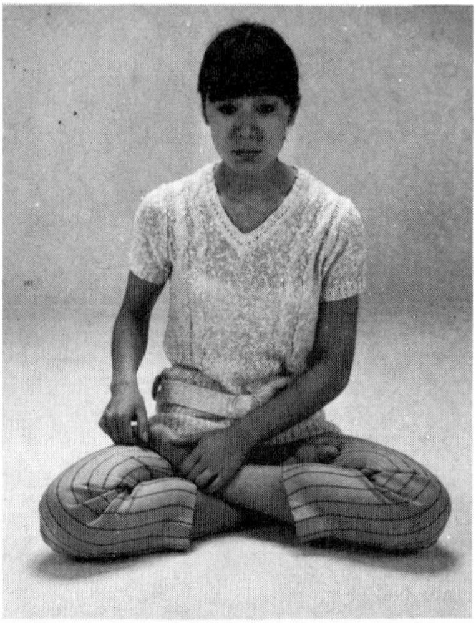

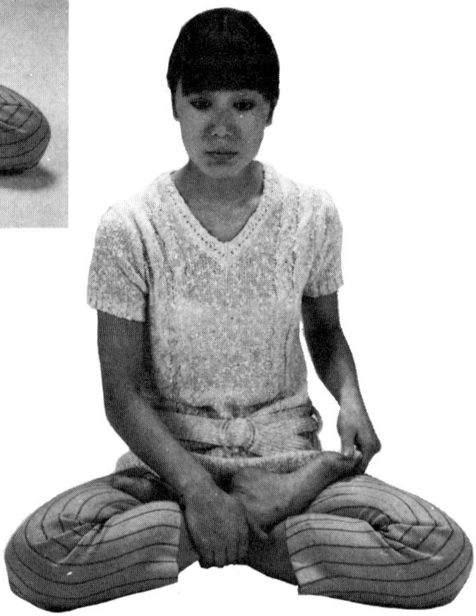

b) Der linke Fuß liegt auf dem rechten Oberschenkel *(Kichijoza).*

Dies ist die Umkehrung der vorhergehenden Stellung.

1. Legen Sie den linken Fuß auf den rechten Oberschenkel.
2. Nun legen Sie den rechten Fuß auf den linken Oberschenkel. Halten Sie beide Knie auf der Matte.

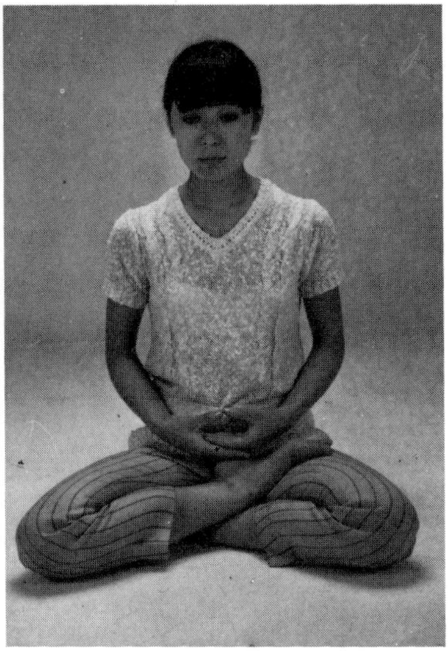

Halber Lotossitz (Hankaza)
Bei dieser Stellung liegt nur ein Fuß auf einem Oberschenkel. Vielleicht müssen Sie eine Weile diese Stellung üben, bevor Sie zum vollen Lotossitz übergehen können. Welcher Fuß zuerst oben liegt, ist gleich - Sie können ja mit den Füßen abwechseln.

Kissen
Sowohl beim halben als auch beim vollen Lotossitz müssen die Knie auf dem Bodenkissen bleiben. Wenn ein Knie sich vom Boden abhebt, ist weder körperliche noch geistige Stabilität zu erreichen. Die folgenden Hilfen tragen dazu bei, die Knie unten zu halten.
1. Legen Sie den Fuß (oder die Füße) ganz weit nach oben auf den Oberschenkel, so nahe an den Unterleib heran, wie es geht.
2. Wenn die Sohlen nach oben liegen, werden die Knie unten bleiben.

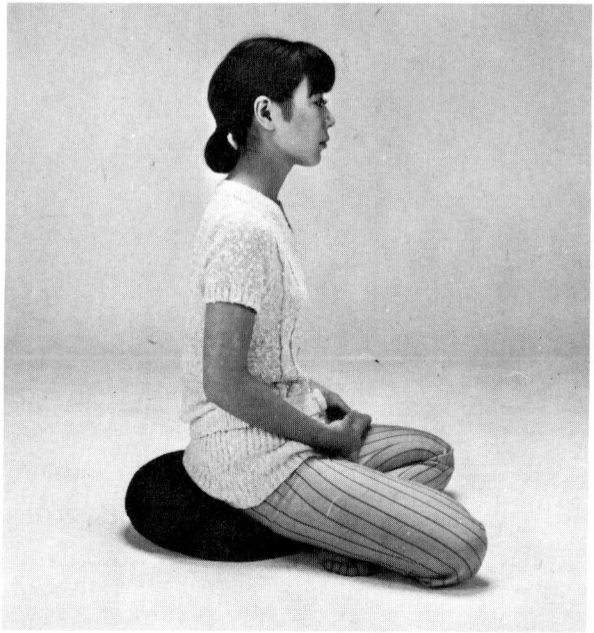

3. Wenn man ein Kissen unter das Gesäß legt, hilft das den Knien, unten zu bleiben.
4. Strecken Sie sich, während Sie Ihre Knie hinunterdrücken, im Rückgrat und ziehen Sie sich aufrecht in die Länge, als ob Sie versuchen wollten, mit dem Kopf durch die Decke zu stoßen. Nase und Nabel liegen auf einer Linie, die senkrecht zum Boden verläuft. Ein Sprichwort sagt zwar, daß es keine Verschwendung sei, viele Kissen zu benützen, wenn es um Zazen gehe; zwei sollten jedoch genügen: eins ausgebreitet unter den Beinen und ein kleines rundes unter dem Gesäß.
Es kann vorkommen, daß Ihre Beine weh tun, bis Sie sich an den Lotossitz gewöhnt haben. Doch auch wenn Sie eine etwas bequemere Stellung suchen, darf die Kraft, die sich in der Bauchgegend konzentriert, nicht verlorengehen. Versuchen Sie es mit dem halben Lotossitz, bis er für Sie bequem ist, und

dann gehen Sie zum vollen Lotossitz über. Während langer Sitzungen können Sie mit den Beinen abwechseln. Es ist nicht notwendig, eine Hand über der anderen zu halten, wie es in China und Japan der Brauch ist. Zögern Sie auch nicht, die Stellung zu wechseln, wenn die Anfangsstellung unbequem wird. Zazen verlangt keine Körperverrenkungen, im Gegenteil, es fordert uns dazu auf, stabile, bequeme Stellungen einzunehmen, die für die Meditation günstig sind, und die man lange Zeit hindurch beibehalten kann.

Es sind verschiedene Stellungen gebräuchlich; sie variieren innerhalb der buddhistischen Sekten. Wichtig ist, daß die gewählte Stellung mit den Bedürfnissen des Meditierenden übereinstimmt. Daher müssen Sie ausprobieren, welche Stellung für Sie die geeignetste ist. In den traditionellen Stellungen wird vor allem die Lage der Beine oft zuerst als unbequem empfunden, doch die Beschwerden vergehen mit der Zeit. Um Verkrampfungen zu lockern, darf man während Zazen die Stellung verändern.

Die Handhaltung (Hokkaijoin)

Die für Zazen gebräuchliche Handhaltung ist ein Symbol gesammelten Geistes und der Seelenruhe. Buddhistische Statuen, die diese Handhaltung zeigen, wollen ausdrücken, daß der Dargestellte meditiert. Diese Haltung - Handflächen nach oben, eine Hand auf der anderen, wobei sich die Spitzen der Daumen leicht berühren - wird allgemein als besonders günstig für eine wirksame Meditation angesehen.

Es ist mir früher verschiedentlich passiert, daß ich während Zazen aus keinem ersichtlichen Grund plötzlich mit dem *Keisaku* von unten einen Schlag bekam. Ich gebe zu, daß ich jedesmal gerade meinen Gedanken freien Lauf gelassen hatte, doch meine Körperhaltung war einwandfrei und auch mein Gesichtsausdruck ernsthaft geblieben. Ich fragte mich, woher der Priester wußte, daß ich nicht bei der Sache war. Mit der Zeit nahmen meine Erfahrungen zu, und gelegentlich hatte ich den Keisaku selbst in den Händen. Ich entdeckte dann, daß es ein gutes Mittel war, die Handhaltung eines Meditierenden zu beobachten, um Aufschluß über seine Gedankentätigkeit zu bekommen. Man braucht einige Zeit, die Meditation so vollkommen zu lernen, bis die richtige Handhaltung immer beibehalten wird.

1. Hände in den Schoß legen, die Handflächen nach oben, rechte Hand über der linken.
2. Die Daumen strecken, bis sie sich leicht berühren.
3. Behalten Sie diese Stellung bei und nehmen Sie die Arme zurück, so daß die Hände den Bauch berühren.
4. Wenn Sie sich in der Gomaza-Stellung befinden (Seite 31), halten Sie die linke Hand über der rechten.
5. Wenn Sie die Kichijoza-Stellung gewählt haben (Seite 32), liegt die rechte Hand oben.

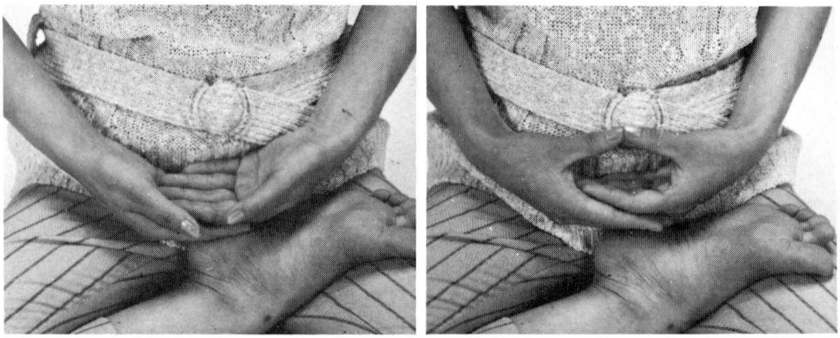

Die Bedeutung der Handhaltung

In Japan liegt die linke Hand über der rechten, anders als in Indien, wo dies meist nicht der Brauch ist. In Indien wird die Rechte als die Hand angesehen, mit der man ißt, und die Linke als die Hand, mit deren Hilfe man sich reinigt, wenn man sich entleert hat. Diese Unterscheidung von rechts und links gilt auch für viele andere Gebiete. Das Zusammenfügen der rechten und der linken Hand gilt als Sinnbild der Verbindung von Schmutz und Reinheit. So wird es auch als Beleidigung ange-

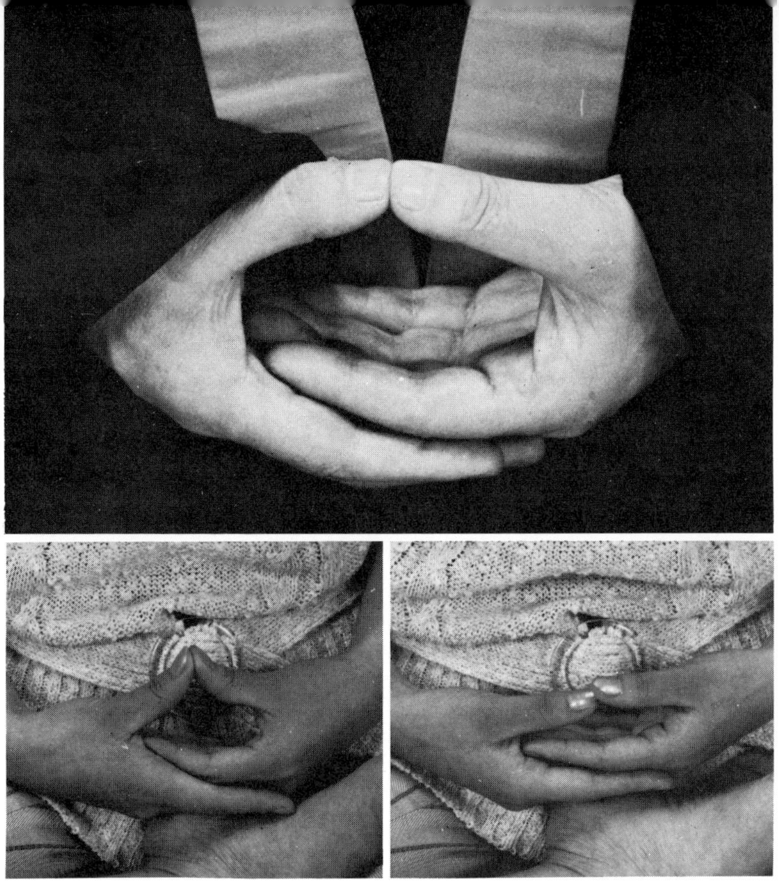

Oben: Korrekte Handhaltung. Unten: Falsch.

sehen, wenn man jemandem etwas mit der linken Hand anbietet. Als Buddhapala im siebenten Jahrhundert von Indien nach China kam und erlebte, wie die chinesischen Mönche während Zazen die linke Hand über der rechten hielten, war er, wie literarisch belegt ist, äußerst entsetzt und versuchte, diesen Brauch zu ändern. Doch in Japan wie auch in China ist es die übliche Haltung geblieben. Es ist eine Sitte, die sich im sechsten Jahrhundert in China einbürgerte. Die linke Hand wird gleichgesetzt mit Yin, der ruhigen Kraft, die rechte mit dem dynamischen Yang. Während Zazen wird die Aktivität durch Ruhe ersetzt - also liegt die linke über der rechten Hand.

Wie man den Schwerpunkt findet

Von Seite zu Seite

1. Im halben oder vollen Lotossitz sitzen und den Rumpf von Seite zu Seite wiegen.
2. Mit weiten wiegenden Bewegungen beginnen, die dann allmählich verkürzt und verlangsamt werden. Stellen Sie sich vor, Sie seien ein Metronom oder Uhrpendel, das allmählich immer langsamer schwingt.

3. So wie ein Pendel genau im Zentrum seines Schwingungsbogens anhält, müssen Sie im Zentrum der von Seite zu Seite verlaufenden Schwingungsbewegung anhalten.
4. Sie müssen sich nun in einer Stellung befinden, in der, von vorn gesehen, Nase und Nabel eine senkrechte Linie zum Boden bilden.

Von vorn nach hinten

1. Bewegen Sie den Rumpf vorwärts und rückwärts; erst weit und stark, dann kürzer und langsamer, wie eben beschrieben, bis Sie in genau der Stellung anhalten, bei der - von der Seite gesehen - Ihre Nase und der Nabel eine senkrechte Linie zum Boden bilden.
2. Wenn Sie die richtige Stellung gefunden haben, beginnen Sie mit der Zazen-Atmung.

Die Zazen-Atemmethode (Tokiho)

1. Öffnen Sie den Mund zuerst leicht zu einer Rundung und atmen Sie alles aus, was ausgeatmet werden sollte. Während Sie das tun, lassen Sie den Rumpf langsam und so weit wie möglich nach vorn fallen.
2. Der Rumpf bleibt, nach vorwärts gebeugt, an der Stelle, an der Sie mit dem Ausatmen ganz natürlich aufgehört haben.
3. Nun schließen Sie den Mund so weit, bis die Lippen sich leicht berühren, und atmen Sie die frische Luft sanft durch die Nase ein. Den Rumpf richtet man dabei auf, bis man wieder gerade sitzt.
4. Recken Sie den Oberkörper so weit hoch, als wollten Sie mit dem Kopf durch die Decke stoßen.
5. Nun atmen Sie wieder durch den Mund aus und lassen den Rumpf, wie zuvor, nach vorn fallen. Diesmal bleibt jedoch der Bauch so weit eingezogen, wie er es war, als Sie sich in Stufe vier in die Höhe reckten. Mit anderen Worten, Sie beugen sich nicht so weit nach vorn wie beim ersten Mal.
6. Nun den Mund wieder leicht schließen und sanft durch die Nase einatmen, während Sie den Rumpf aufrichten. Ziehen Sie sich wieder so in die Länge, als wollten Sie mit dem Kopf durch die Decke stoßen. In dieser aufrechten Stellung müssen jedoch die Schultern entspannt sein.
7. Diese Übung wird fortgesetzt, wobei Sie sich immer weniger weit nach vorn fallen lassen und Ihre Bewegungen verlangsamen.
8. Zuletzt - wenn Sie das Gefühl haben, der Kopf könnte nun durch die Decke stoßen - halten Sie genau an diesem Punkt an.
9. Von vorn oder von der Seite gesehen, sollten Nase und Nabel eine senkrechte Linie zum Boden bilden.

Lippen, Zähne, Zunge

Wenn Sie den Schwerpunkt gefunden und sich an die Atem-Methode gewöhnt haben, schließen Sie den Mund und atmen nur durch die Nase. Die Lippen müssen leicht und natürlich geschlossen sein, die Zähne des Ober- und Unterkiefers sich leicht berühren. Die Zunge berührt leicht den Gaumen. Sorgen Sie dafür, daß Lippen, Zähne und Zunge immer in einer natürlichen Stellung bleiben. Die Zunge muß am Gaumen bleiben.

Die Augen
Ihre Augen müssen halb geschlossen sein. Wenn sie ganz geschlossen sind, werden Sie schläfrig, und wenn sie ganz geöffnet sind, werden Sie zu leicht abgelenkt.
Ihr Blick sollte auf den Boden gerichtet sein, auf einen Punkt in etwa ein bis drei Meter Entfernung von Ihnen. Sie dürfen jedoch keine Anstrengungen machen, einen bestimmten Punkt zu finden, den Sie fixieren wollen. Dieser Punkt sollte sich ganz von selbst ergeben.

Körperstellung und Atmung

Die meisten der vielen Bücher, die im Lauf der letzten tausend Jahre über Zazen geschrieben worden sind, stimmen interessanterweise in den folgenden Punkten überein: Erstens wird darin gelehrt, daß Nabel und Nase während der Meditation eine Linie zu bilden haben, die senkrecht zum Boden verläuft. Zweitens sind sie sich darin einig, daß der Körper völlig entspannt sein muß und die Atmung ruhig und kaum wahrnehmbar.
Eines der grundlegenden Ziele von Zazen ist es, sich von Seele und Körper zu befreien. Das mag für den Anfänger befremdlich klingen. Um dieses Ziel zu erreichen, muß Seelenruhe hergestellt sein und die Atmung ruhig und völlig beherrscht verlaufen. Schließlich muß - da hier ein Wechselverhältnis besteht - die Seele vollständig ruhig sein, bevor die Atmung gleichmäßig verlaufen kann. Oder umgekehrt - bevor

die Seele Ruhe finden kann, muß die Atmung ruhig sein und darf kaum wahrgenommen werden.
Etwas unter dem Nabel liegt eine bestimmte Stelle, die durch Zazen nach und nach gestärkt wird. Im Deutschen gibt es kein Wort für diese Stelle, der Japaner nennt sie *Tanden.*

Die Haltung

Neben der Seelenruhe und der beherrschten Atmung spielt eine bestimmte Körperhaltung bei Zen eine Rolle. Kleinere Haltungsfehler, zu denen fast jeder Mensch neigt, kann nur ein anderer richtig sehen. Deshalb ist es für einen Anfänger gut, jemanden zu haben, der seine Haltung kontrolliert und, wenn nötig, korrigiert.
Um die senkrechte Linie zwischen Nase, Nabel und Boden herzustellen, ist es nützlich, sich vorzustellen, daß an der Spitze der Nase eine Schnur angebracht ist, an der ein kleines Gewicht hängt; wenn man so dasitzt, daß das imaginäre Gewicht den Nabel berührt, sind Rückgrat und Hals in richtiger Weise gestreckt und die Schultern entspannt.
Ein anderes gutes Hilfsmittel, um eine korrekte Zazen-Haltung zu erreichen, ist das Schwingen des Rumpfes von Seite zu Seite und von vorn nach hinten. Der Oberkörper schwingt zuerst weit nach rechts und links aus, dann werden die Schwingungen verkürzt und verlangsamt, bis man zu einem natürlichen Haltepunkt kommt. Dann wird das gleiche von vorn nach rückwärts wiederholt. Ist der Oberkörper an seinem Ruhepunkt angekommen, müssen Sie das Gefühl haben, Sie seien eine Uhr - das bewegungslose Pendel hängt nun gerade hinab. Wenn Sie den Rumpf nach vorn bewegen, atmen Sie durch den Mund aus; wenn Sie ihn nach rückwärts bewegen, atmen Sie durch die Nase ein. Die Ausatmung muß langsam und vollständig erfolgen und vom Bauch aufwärts steigen. Strecken Sie sich im Rückgrat und ziehen Sie sich in die Länge, während Sie einatmen. Das Kinn muß zwar eingezogen sein, aber es ist nicht nötig, sich extra damit zu befassen.

Wenn Sie sich vorstellen, daß Sie die Decke mit dem Hinterkopf berühren wollen, wird das Kinn ganz von selbst in die richtige Lage kommen.
Schließlich erinnere ich den Leser daran, daß diese vorbereitenden Übungen als Hilfe für den Anfänger dazu da sind, eine Stellung zu finden, die für die wirksame Meditation günstig ist. Ist man erfahren genug, wird man natürlich diese Stellung auch ohne Vorbereitung einnehmen. Manchmal jedoch kann es passieren, daß sich während des Zurechtsetzens die Schultern spannen, und dann sind ziemlich sicher Nase und Nabel außer der Senkrechten. Dies muß sofort korrigiert werden. Die Zazen-Stellung kann ja schließlich im Sitzen oder Stehen bei allen möglichen Betätigungen angewendet werden. Da die Nase für die Atmung sehr wichtig und der Nabel die Stelle ist, die einst das Ungeborene mit dem Mutterleib verband, hat es eine tiefe geistige und physische Bedeutung, sie aufeinander auszurichten. Immer wenn ich eine schwerwiegende Entscheidung zu treffen habe, setze oder stelle ich mich so, daß beide Punkte eine senkrechte Linie zum Boden bilden; erfahrungsgemäß hilft mir das, Geist und Körper zur Ruhe zu bringen.
Für viele Meditierende ist die Ansammlung des Speichels ein Problem, denn entweder muß man ihn im Mund behalten oder ihn hinunterschlucken und dabei ein Geräusch verursachen, das für andere äußerst störend sein kann, auch wenn es ganz leise ist. Zum Glück ist dieses Problem schon in alten Texten gelöst worden. Sie lehren, daß man Zähne und Lippen nur leicht aufeinanderlegen und die Spitze der Zunge an den Gaumen drücken muß, um die Ansammlung von Speichel zu vermeiden. Wichtig: da der ganze Körper entspannt ist, sollten auch die Zähne und die Lippen nur leicht aneinanderliegen.
Getrennter Meinung sind die alten Texte in der Frage, ob man beim Meditieren die Augen geschlossen oder leicht geöffnet halten soll. Die Werke, in denen das Schließen der Augen an-

geraten wird, denken dabei allerdings immer an den Anfänger und weisen darauf hin, daß die Augen *fast* geschlossen sein sollten; das heißt, jeder ablenkende Bild- oder Lichteindruck soll ausgeschaltet werden. Obwohl ich im allgemeinen empfehle, die Augen etwa halb zu öffnen, muß doch der Grad der Öffnung der Tageszeit angepaßt sein. Zum Beispiel wirkt es sich günstig auf die Geistesruhe aus, wenn man die Augen bei grellem Tageslicht fast ganz schließt. Nur weit fortgeschrittene Zen-Jünger vermögen mit ganz geöffneten Augen wirksam zu meditieren. Auf diese Weise wird dann allerdings die Schläfrigkeit, die sich während Zazen oft einstellt, leichter abgewehrt. Auch wenn man nicht schläfrig ist, sollte man jedoch die Augen niemals ganz schließen, denn die Augenlider wirken sonst als eine Art Bildschirm, auf dem bildhafte Erscheinungen auftauchen, die den Geist noch mehr ablenken als greifbare Gegenstände.
Wählen Sie einen Punkt, der etwa zwei Meter entfernt ist, und richten Sie den Blick auf ihn. Fixieren Sie nicht einen bestimmten Gegenstand, denn das führt, vor allem bei langen Zazen-Zusammenkünften von zwei bis drei Tagen, zu merkwürdigen Sinneseindrücken, welche die Wirkung der Meditation zunichte machen.

Die Atmung

Wenn Sie die Zazen-Stellung richtig eingenommen haben, atmen Sie durch den Mund aus. Formen Sie die Lippen zu einem schmalen Oval und atmen Sie ruhig und vollständig aus, als ob Ihr Atem ein langer Faden wäre. Dann schließen Sie den Mund - das geschieht sanft, ruhig und langsam - und atmen durch die Nase ein. Wiederholen Sie dies dreimal. Der Zweck dieser Atmungs-Regel ist, zuerst Lungen und Körper von gebrauchten und nicht mehr nützlichen Dingen zu befreien. Deswegen muß man kräftig ausatmen. Erst dann kann man die gute sauerstoffreiche Luft einatmen, die uns Wiesen und Bäume liefern. Auch das Einatmen muß kraftvoll gesche-

hen, so daß die reine Luft bis in die Finger- und Zehenspitzen dringen und den ganzen Körper reinigen kann. Diese Atemmethode wirkt sich günstig auf Herz und Geist aus.
Im Gegensatz zu anderen Tiefatmungs-Methoden beginnt Zazen mit der Ausatmung, denn dies ist geistig von großem Nutzen. Alte taoistische wie auch buddhistische Texte unterstützen diese Ansicht. Vier Stufen der Atmung - das ist seit Jahrhunderten bekannt - geben Aufschluß darüber, bis zu welchem Grade der Zazen-Anhänger seinen Geist gesammelt hat. Die vierte Stufe ist die höchste - sie zu erreichen, sollte jeder streben, der sich Zen zuwendet.
1. *Fu* - Auf dieser Stufe ist das Ein- und Ausatmen noch hörbar, wenn auch vielleicht nur schwach. Jedes Atemgeräusch zeigt an, daß der Geist noch nicht gesammelt ist.
2. *Sen* - Die Atemgeräusche haben aufgehört, doch es sind noch Atempausen vorhanden. Mit anderen Worten, es ist immer noch eine Unausgeglichenheit da.
3. *Ki* - Es gibt weder Geräusche noch Pausen, doch der Meditierende ist sich des Atmungsvorganges noch bewußt.
4. *Soku* - Geräusche und Pausen sind nicht mehr vorhanden; weder der Meditierende selbst noch ein Zuschauender kann wahrnehmen, daß geatmet wird.

Die Methoden der Atmungsbeherrschung

Es gibt eine Schwierigkeit mit diesen verschiedenen Stufen der Atmung: wenn man immer an Geräusche und Pausen denken muß - wie kann man je über die Stufe 3 hinauskommen, über das bewußte Wahrnehmen des Atmungsvorganges? Mit diesem Problem haben sich Zen-Gelehrte jahrhundertelang herumgeschlagen. Aus den vielen Methoden, die zur Lösung dieses Problems empfohlen werden, habe ich einige wirksame ausgewählt.
1. Konzentrieren auf den Unterleib: Im Gegensatz zu den Lehrern, die eine Konzentration auf die Nasenspitze empfehlen, bin ich der Ansicht, daß man seine ganze Aufmerksamkeit

auf den Nabel richten sollte, beziehungsweise auf die Stelle, die etwas unter dem Nabel liegt (Tanden).

Als Konzentrationshilfe wird manchmal geraten, den Nabel hin und wieder zu entblößen und ihn anzustarren.

2. Den ganzen Körper entspannen, einschließlich der Stelle unterhalb des Nabels.

3. Mit der Haut atmen, indem man sich vorstellt, daß die Luft frei durch all die 84000 Poren strömt, die den menschlichen Körper nach der Überzeugung der Alten aufweist. Die moderne Wissenschaft hat natürlich bewiesen, daß die Haut des Menschen bedeutend mehr Poren aufweist, doch ist das für unseren Zweck nicht wichtig. Für uns ist es wichtig, zu fühlen - nicht zu denken -, daß Luft frei aus dem ganzen Körper fließen kann, während frische Luft in ihn einströmt.

Wenn diese Vorstellung in uns lebt, hört die Haut auf, eine Grenze zwischen Körper und Umwelt zu sein, und die Atmung im üblichen physischen Sinn wird unnötig. So ist dem Meditierenden nicht mehr bewußt, daß er atmet; er atmet auf die echte Zazen-Weise.

Gesammelter Geist

Das Zählen der Atemzüge

Ist die Stellung bereinigt und der Atem beherrscht, kann man den Geist durch Zählen der Atemzüge sammeln.

1. Zählen Sie die Atemzüge von eins bis zehn. Wenn Sie bei zehn angekommen sind, beginnen Sie jeweils wieder bei eins.

2. Konzentrieren Sie sich auf das Zählen der Atemzüge, lassen Sie sich nicht ablenken, und befreien Sie sich von müßigen Gedanken. Der Vorgang des Zählens ist unwichtig. Wenn Sie sich verzählt haben, oder wenn Ihre Gedanken abschweifen - was anfangs wahrscheinlich der Fall sein wird -, fangen Sie wieder bei eins an und beginnen von vorn. Manchmal werden Sie, ohne daß es Ihnen ganz bewußt wird, weiter als zehn zäh-

len, doch dies darf Sie nicht beirren. Wenn Sie sich Gedanken darüber machen, warum es schwer ist, von eins bis zehn zu zählen, oder wenn Sie sich das Abschweifen Ihrer Gedanken vorwerfen, ist es sehr viel schwerer, die geistige Sammlung zu erreichen. Wenn Sie merken, daß Sie beim Zählen einen Fehler gemacht haben, beginnen Sie wieder bei eins.

3. Zählen Sie das Ein- und das Ausatmen getrennt oder beides zusammen als eine Einheit. Beide Methoden sind richtig. Die Hauptsache ist, daß man sich während des Zählens von abschweifenden Gedanken befreit und dadurch den Geist sammelt.

Wo zählen wir die Atemzüge?

In welchem Moment - so fragt sich der Anfänger - soll der Atemzug gezählt werden: während die Luft durch die Nase zieht oder während sich der Bauch beim tiefen Atmen hebt und senkt? Für den Anfänger ist die erste Methode die leichtere. Es hat seine Vorteile, sich auf die Nase zu konzentrieren, wenn die Luft durch sie hindurchzieht. Andererseits hat diese Methode auch einen erheblichen Nachteil. Es kann passieren, daß die Nase juckt, oder daß man sonstwie durch sie abgelenkt und bei der Meditation gestört wird. Ich habe diese Schwierigkeit einmal auf folgende Weise gelöst: Während einer Reihe von Experimenten mit der ersten Methode habe ich mich nur auf den Vorgang des Atmens konzentriert, um nicht an Sinneswahrnehmungen in der Nase selbst denken zu müssen. Als mir das gelungen war, begann ich den Atemzug zu zählen, wenn er einen vorgestellten Punkt in etwa fünfundzwanzig Zentimeter Entfernung von der Nase erreicht hatte, dann in fünfzig und in fünfundsiebzig Zentimeter Distanz. So vergaß ich allmählich nicht nur meine Nase, sondern auch den Kopf und den ganzen Körper.

Obwohl es nicht schlecht ist, mit der Nase zu beginnen, wenn man die Atemzüge zählen will, erweist sich der Nabel doch oft als wirksamer, weil er den Geist intensiver auf einen Punkt konzentriert. Zählen Sie die Atemzüge im Moment, wo Ihr Bauch sich hebt und senkt, und stellen Sie sich vor, daß Sie in Ihren Nabel eingesunken oder selbst zu ihm geworden sind. Wegen seiner Assoziation mit der Geburt regt der Nabel Gedanken über unser vorgeburtliches Wesen an. Daher verhilft er zu einer umfassenden geistigen Konzentration und befreit von törichten Gedanken und Vorstellungen. Trotzdem können Sie nach einigen Fortschritten in der Meditation die Erfahrung machen, daß sogar der Nabel ablenkend wirkt, oder daß es aus der Sicht des Zazen nicht mehr nützlich ist, sich auf ihn zu konzentrieren. Wenn dies geschieht, gehen Sie am besten so vor, wie ich es bei der Nase geschildert habe: Sie beginnen zu zählen, wenn der Atem an einem imaginären Punkt in einer Entfernung von etwa fünfzig bis fünfundsiebzig Zentimeter vom Nabel angekommen ist. Allmählich wird diese Entfernung vergrößert, bis Sie sich der Existenz Ihres Nabels und Körpers nicht mehr bewußt sind. Trotz seiner Wichtigkeit wird ja der Nabel nicht davon beeinflußt, ob wir an ihn denken oder nicht.

Atmen ohne Zählen

Bei dieser Methode vertraut man Körper und Geist dem Atem an. Man versucht nicht zu zählen, kein Gedanke wird auf Zählen verwendet. Wenn das Zählen der Atemzüge nicht richtig wirkt, versuchen Sie es mit dieser fortgeschrittenen Methode.

Die «Ah»-«hm»-Methode

Sagen Sie beim Ausatmen in Gedanken leise «ah»; beim Einatmen sagen Sie «hm». Auch diese Methode soll nützen, wenn man sich konzentrieren und von ablenkenden Gedanken befreien will. Natürlich geht alles geräuschlos vor sich. Das Atmen muß still und glatt geschehen und darf kaum wahrnehmbar sein. Aus- und Einatmen sind vergessen, Körper und Geist nur der Atmung hingegeben, es existiert nur noch «ah» und «hm».

Während man Zazen ausübt, zieht der Atem bis zu den entferntesten Winkeln von Himmel, Erde und All, und jede Einatmung zieht diese drei weiten Wesenheiten in den Körper.
Der Mensch lebt, weil er atmet, und wenn sein Herz unruhig ist, wird auch sein Atem ungeordnet sein. Umgekehrt - wenn das Herz voll Ruhe ist, wird auch die Atmung ruhig sein. Für ein wahres Zazen sind Atemmethoden allein nichts wert. Das Herz - man kann es auch Geist nennen - muß zuerst gesammelt und gefestigt sein. Herz und Atem beeinflussen sich gegenseitig, und erst wenn sie ruhig sind, kann wahrhaftes Zazen stattfinden. Ein enger Geist verengt die Atemzüge, doch weite Atemzüge weiten das Herz. Atmet man bewußt, so wird die Aufmerksamkeit auf das eigene Selbst gelenkt, und nur wenn das Ichbewußtsein verschwindet, erfährt man die Einheit mit allem Sein und aller Schöpfung.
Nachdem man eine oder jede der drei oben angeführten Atemmethoden geübt hat, ist es oft nützlich, sich von einem Zen-Meister direkt anleiten zu lassen. Diese Methoden sind vor allem für den Anfänger gedacht, doch sie sind ebenso wichtig für Menschen mit reicher Zazen-Erfahrung.

Wie man den Geist beruhigt

Vermeiden Sie ablenkende Gedanken und konzentrieren Sie den Geist auf eine Stelle oder einen Gegenstand.
Während des Meditationssitzens ergeben sich manchmal vier fehlerhafte Zustände, die ein wirkliches Zazen verhindern. Im folgenden werden diese vier Zustände beschrieben sowie Möglichkeiten, sie in Ordnung zu bringen.
1. Abgesunken: Der Geist wird inhaltslos, die Energie versagt. So wie der Geist allmählich absinkt, hängt auch der Kopf kraftlos nach vorn oder zur Seite. In diesem Fall sollten Sie den Geist dadurch heben, daß Sie sich auf die Nasenspitze konzentrieren. Wenn dies nicht hilft, nehmen Sie den Konzentrationspunkt zur Stirn hoch oder, wenn nötig, bis zu den Haarwurzeln.

2. Treibend: Die Gedanken huschen von einem Gegenstand zum andern und auch der Körper will nicht ruhig werden. Der Geist scheint ungebunden dahinzutreiben. Wenn dies geschieht, dann konzentrieren Sie sich auf den Nabel, um den schweifenden Geist zur Ruhe zu bringen. Wenn dies nichts hilft, lenken Sie Ihre Konzentration auf die schon beschriebene Stelle unterhalb des Nabels (Tanden), und wenn sogar dies ohne Wirkung bleiben sollte, so stellen Sie sich die Linie vor, die Nase und Nabel verbindet und sich bis in den Boden hinein fortsetzt; bewegen Sie den Konzentrationspunkt in Gedanken auf dieser Linie nach unten, bis der Geist ruhig wird.
3. Übermäßig gelockert: Der Körper sackt zusammen und ist schlaff, der Kopf wird ganz leicht, und der Geist ist träge. Um diesen Zustand zu beheben, korrigieren Sie zuerst die Stellung, bringen den Atem unter Kontrolle und Klarheit in den Kopf. Es ist nicht nötig, sich verzweifelt und bewußt darum zu bemühen, den Geist von müßigen Gedanken zu befreien. Befolgen Sie meinen Rat, und der Zustand kommt von selbst in Ordnung.
4. Übermäßig gespannt: Stechende Schmerzen in der Brustgegend deuten darauf hin, daß Sie sich zu sehr anstrengen, zu angespannt dasitzen und Ihr Herz sich zu sehr abmüht. Entspannen Sie sich, atmen Sie ruhig und normal. Ruhiges Ausatmen löst die Schmerzen in Nichts auf.

Keisaku

In alten Texten ist immer wieder die Rede von den Teufeln, die uns während Zazen versuchen, und alle sind sich darüber einig, daß diese Teufel ihren Ursprung in müßigen Gedanken und Grübeleien haben. Manche Dämonen versuchen zwar, uns von unserem Weg abzubringen oder uns Angst einzuflößen, doch es gibt auch freundliche Geister, die Freude und Seelenruhe bringen. In alten Schriften steht, daß die Dämonen

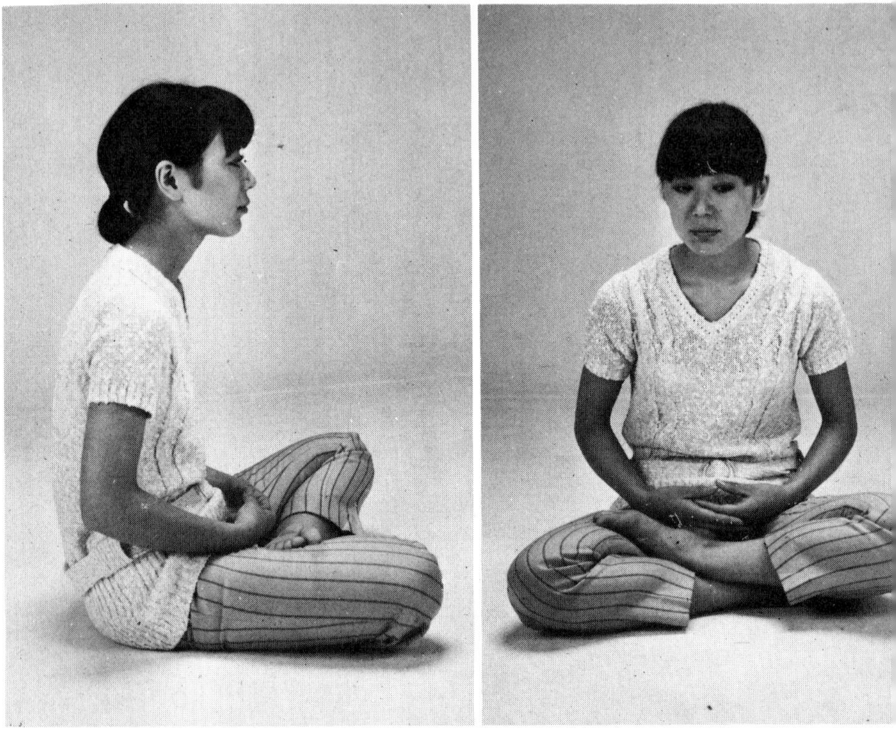

Falsche Stellungen: Die Handhaltung ist unkorrekt, der Rücken gekrümmt.

oft ablenkend als angenehme Töne oder Düfte erscheinen, in der Gestalt von vertrauten Menschen oder sogar als verschiedene Personifikationen des Buddha.
Der lästigste Dämon aber, der während Zazen auftaucht, ist der Schlaf. Müßige Gedanken und Ablenkungen kann man verjagen, sobald man sie bemerkt, doch der Schlaf schleicht heran und setzt uns außer Gefecht. Wenn man Zazen mehrere Tage lang ausgeübt hat, nehmen die Attacken des Schlafteufels zu. Ein Mittel, um sich gegen ihn zu wehren, besteht darin, daß die Meditierenden abwechseln im Herumtragen des Kei-

saku im Meditationsraum. Dem, der mit dem Schlaf zu kämpfen hat, kann durch den Stock geholfen werden. Das Tragen des Keisaku - ein Teil der Zazen-Praxis - muß richtig erfolgen. Oft bemerkt man erst durch das Geräusch des Schlags auf die Schulter eines anderen, daß man selbst im Kampf gegen den Schlaf zu unterliegen droht. In der Vergangenheit, als die Menschen allein meditierten, stellten sie sich oft eine kleine Glocke *(Zenchin)* auf den Kopf. Sobald sie einnickten, fiel die Glocke hinunter und weckte sie. Manche Meditierende setzten sich gar an den Rand einer Klippe, wo ihnen beim Einschlafen ein Todessturz drohte. In Tempeln oder Zen-Hallen gibt es Mönche oder Priester, die Meditierende gelegentlich mit einem flachen Stab von etwa einem Meter Länge, dem Keisaku, auf die Schulter schlagen. Im Winter, wenn man dikkere Kleidung trägt, wird ein Hartholzstab benutzt, im Sommer ein weicherer Stab. Da der Keisaku kraftvoll gehandhabt wird, gehen während der langen *Sesshin*-Perioden normalerweise ein paar Stäbe in die Brüche.
Der Hauptzweck des Schlages mit dem Keisaku ist es, den Schlaf zu vertreiben und den Meditierenden sowie die neben ihm Sitzenden anzuspornen. Der Keisaku hat jedoch auch eine andere wichtige Funktion: sein Schlag beseitigt Verspannungen in den Schultern. So kommt es oft vor, daß ein Meditierender den Priester bittet, ihn mit dem Keisaku zu schlagen.

Diese Bitte geschieht auf folgende Weise:

1. Wenn der Priester in der Nähe ist, halten Sie die Hände in der Gassho-Gebärde vor die Brust (Seite 76).
2. Der Priester stellt sich vor Sie hin und erwidert die Gebärde.
3. Sie müssen sich nun nach vorn beugen und die Schultern nach vorn zusammenziehen. Bleiben Sie entspannt und lokker, denn wenn die Schultern angespannt sind, ist es möglich, daß Knochen vorstehen und die Wirkung des Keisaku abschwächen. Außerdem wird dann das Geräusch des Schlages nur schwach sein.

4. Der Priester wird Sie dann zwei- oder dreimal auf jedes Schulterblatt schlagen.
5. Zum Schluß tauschen Sie wieder Gassho mit dem Priester aus.

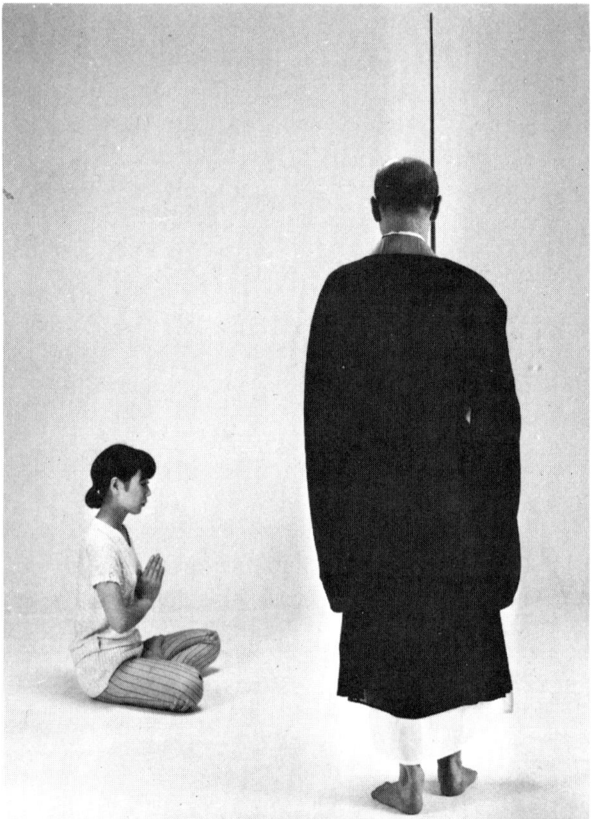

Die Beendigung von Zazen

Jeder Tempel und jede Halle, in denen Zazen praktiziert wird, hat ein eigenes Zeichen, welches das Ende der Zazen-Sitzungen anzeigt. Meist ist es eine Glocke oder ein Gong. Als Abschluß von Zazen ist – ganz gleich, ob man allein meditiert oder in einer Gruppe – folgendes Vorgehen zu empfehlen:

1. Entspannen Sie sich zuerst seelisch und geistig. Wenn Sie zum Beispiel bisher Atemzüge gezählt haben, hören Sie damit auf und entspannen Sie sich.
2. Öffnen Sie nun den Mund zu einem schmalen Oval und atmen Sie ruhig und tief aus. Lassen Sie den Geist damit jetzt frei. Dieses erste Ausatmen enthält all die körperliche und geistige Spannung, die sich vielleicht während Zazen gebildet hat. Wiederholen Sie das Ausatmen zwei- bis dreimal.
3. Beginnen Sie Ihren Körper langsam und sachte zu bewegen. Sollten Sie in Hals und Schultern eine Verspannung fühlen, so lösen Sie sich nach und nach. Schaffen Sie die Spannung

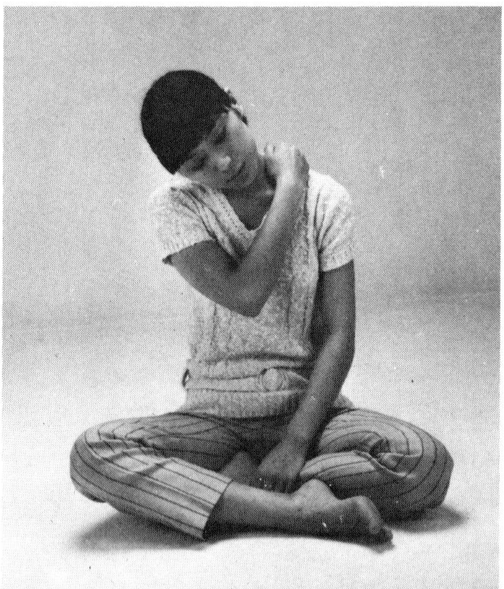

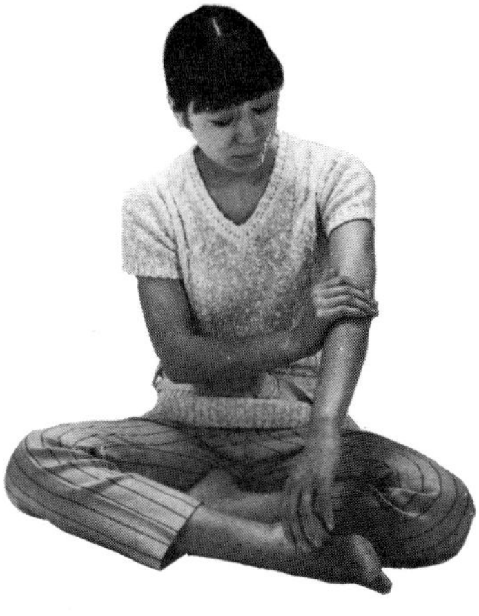

mit dem Atem fort, den Sie ausatmen. Bewegen Sie Schultern und Hände. Strecken Sie die Beine - Sie können dazu die Hände zu Hilfe nehmen. Wenn die Beine gefühllos und steif geworden sind, können Sie sich massieren, bis sie wieder normal sind.

4. Reiben Sie nun Ihre Handflächen aneinander, damit die Hände warm werden. Dann halten Sie die Hände wie Scha-

len über die Augen. Öffnen Sie die Augen weit und lassen sie sich an das Licht gewöhnen, das zwischen den Fingern durchscheint. Dann nehmen Sie die Hände fort. Wenn Sie dazu ganz bereit sind, stehen Sie auf.

5. Wenn Sie Zazen fortsetzen wollen, ruhen Sie ein paar Augenblicke so entspannt aus, bevor Sie von neuem beginnen.

Das richtige Beenden einer Zazen-Sitzung ist - dies wird leider häufig übersehen - genauso wichtig wie ein richtiger Anfang. Und da man genau umgekehrt vorgeht wie in der natürlichen Reihenfolge («natürlich» wäre: zuerst die Entspannung des Körpers, dann die des Atems, und schließlich die des Geistes), ist der Abschluß des Zazen für den Anfänger etwas schwerer zu meistern. Er ist aber sehr wichtig; die hier folgenden Ratschläge helfen ihn erleichtern.

Entspannen Sie sich zuerst geistig; haben Sie Atemzüge gezählt, so hören Sie damit auf. Dann fangen Sie an, durch den Mund zu atmen. Wenn dabei ein Geräusch entsteht, wirkt es belebend. Beginnen Sie schließlich den Körper zu bewegen, wie es oben beschrieben wurde. Viele Menschen beenden Zazen mit einem Klopfen auf die Schultern, mit lockernden Drehungen des Körpers und anderen Übungen. Manche klagen über einen geblähten Bauch, andere stöhnen über alle möglichen Schmerzen und Beschwerden. Der Kopf mag schwer sein, die Augen können weh tun. Dies sind jedoch meist gute Zeichen; sie beweisen, daß Sie Zazen richtig ausgeübt haben. Je strenger man mit sich ist, desto mehr werden Beschwerden dieser Art auftauchen. Nach der Beendigung von Zazen sollten Sie sich jedoch im allgemeinen wohl fühlen - wenn das nicht der Fall ist, liegt es oft daran, daß Sie Zazen nicht richtig beendet haben.

Kleine Abweichungen von der Reihenfolge sind nicht schlimm, doch grundsätzlich sollte es so sein, daß sich die Entspannung von der feineren, seelisch-geistigen Innenseite zur gröberen, körperlichen Außenseite vollzieht. Der Weg muß vom ruhigen, gesammelten Zazen-Zustand ausgehen und übergehen in den bewegten Zustand der äußeren Welt. Der Übergang muß allmählich erfolgen, alle Bewegungen sollten sanft und langsam sein.

Allgemeine Bemerkungen

Harmonie von Geist und Körper

Ich habe nun erklärt, wie man die Zen-Meditation beginnt (Beruhigung von Körper, Atem und Geist; Harmonisierung von Geist und Körper), und wie man sie beendet, indem man diese Reihenfolge umkehrt und allmählich von der zarteren Innenwelt zur gröberen Außenwelt übergeht. Es gibt jedoch oft auch während der Meditation selbst Schwierigkeiten. Folgende Punkte müssen getreulich berücksichtigt werden, wenn Zazen wirklich Erfolg haben soll.

1. Von Anfang bis Ende muß Harmonie zwischen Körper, Atem und Geist herrschen. Folgende Symptome, auf die man genau achten sollte, deuten auf eine Störung der Harmonie: der Bauch neigt zum Einsinken, der Unterkiefer dazu, sich vorzuschieben. Oder: die Schultern sind so angespannt, daß man den Eindruck hat, nur sie seien mit Zazen beschäftigt. Die Handhaltung ist nicht korrekt. Die Atmung ist nicht nur für den Meditierenden, sondern auch für die neben ihm Sitzenden hörbar, was bedeutet, daß die Atmung und damit das geistige Gleichgewicht gestört ist. Wenn dies geschieht, sind Tür und Tor für Ablenkungen und oberflächliche Gedanken geöffnet.
2. Achten Sie immer auf diese Symptome und korrigieren Sie sich sofort. Es gibt keine vorgeschriebene Reihenfolge für das Korrigieren.
3. Die häufigsten Haltungsfehler sind der eingesunkene Bauch und der nach vorn geneigte Rumpf. Diese beiden Fehler haben andere im Gefolge: Schlaffheit des Bauches, Verkrümmung der Wirbelsäule, verzerrte Halshaltung und daraus resultierend unruhiger Atem und unruhiger Geist. Sowie Sie einen dieser Fehler bei sich entdecken, sorgen Sie wieder für die korrekte Haltung: Nase und Nabel liegen auf einer Linie, die senkrecht zum Boden verläuft. Dabei haben Sie aber die folgenden Punkte zu beachten:
4. Versuchen Sie nie, eine falsche Haltung durch das Anspan-

nen des Bauches oder der Schultern zu korrigieren, da beide Maßnahmen Unregelmäßigkeiten in der Atmung und infolgedessen Verwirrung im Geist hervorrufen.

5. Ohne auf Schultern und Bauch zu achten, stellen Sie sich intensiv vor, daß Sie mit dem Hinterkopf durch die Decke zu stoßen versuchen. Wenn Sie dies tun, wird sich von selbst das richtige Verhältnis zwischen Nase und Nabel ergeben, wird der Hals sich strecken, das Kinn wieder in die richtige Lage kommen, die Schultergegend entspannt sein und der Bauch seine Schlaffheit verlieren.

6. Kurz gesagt, Sie müssen nach jeder Korrektur wieder zu der Stellung zurückfinden, die Sie anfangs erreichten, nachdem Sie Körper, Atem und Geist richtig eingestellt hatten.

7. Die Vorstellung, mit dem Kopf durch die Decke zu stoßen, ist zwar eine ausgezeichnete Methode, um Haltungsfehler zu korrigieren, die sich während Zazen ergeben, doch ich habe wiederholt erfahren, daß das vorgestellte Bild zur Ablenkung werden kann. Ich löste das Problem auf folgende Weise: Zuerst stellte ich mir vor, daß ein Faden an eines der Haare oben auf meinem Kopf gebunden sei. Dann sah ich vor mir, wie mein Körper an diesem Faden aufgehängt war. Mein Körper hing, im korrekten Lotossitz, mitten in der Luft. Mit der Zeit dachte ich nicht mehr an den Faden und das Haar, ich konzentrierte mich auf keinen bestimmten Gegenstand mehr und war mit natürlicher Leichtigkeit imstande, eine gute Zazen-Haltung beizubehalten.

Ich erinnere den Leser an dieser Stelle daran, daß man sich, wenn er völlig entspannt ist, seines Körpers nicht mehr bewußt ist. Und: wenn die Atmung ganz ruhig und kaum wahrnehmbar ist, scheint der Körper mit all seinen zahllosen Poren zu atmen, und die Grenze zwischen Innen- und Außenwelt löst sich auf. Wer sich seiner Haut nicht mehr bewußt ist, verliert auch das Bewußtsein für den Körper und die Atmung. Wenn dies geschieht, schwindet auch das Bewußtsein des eigenen Selbst.

Zazen im Zen-Center von Chicago.

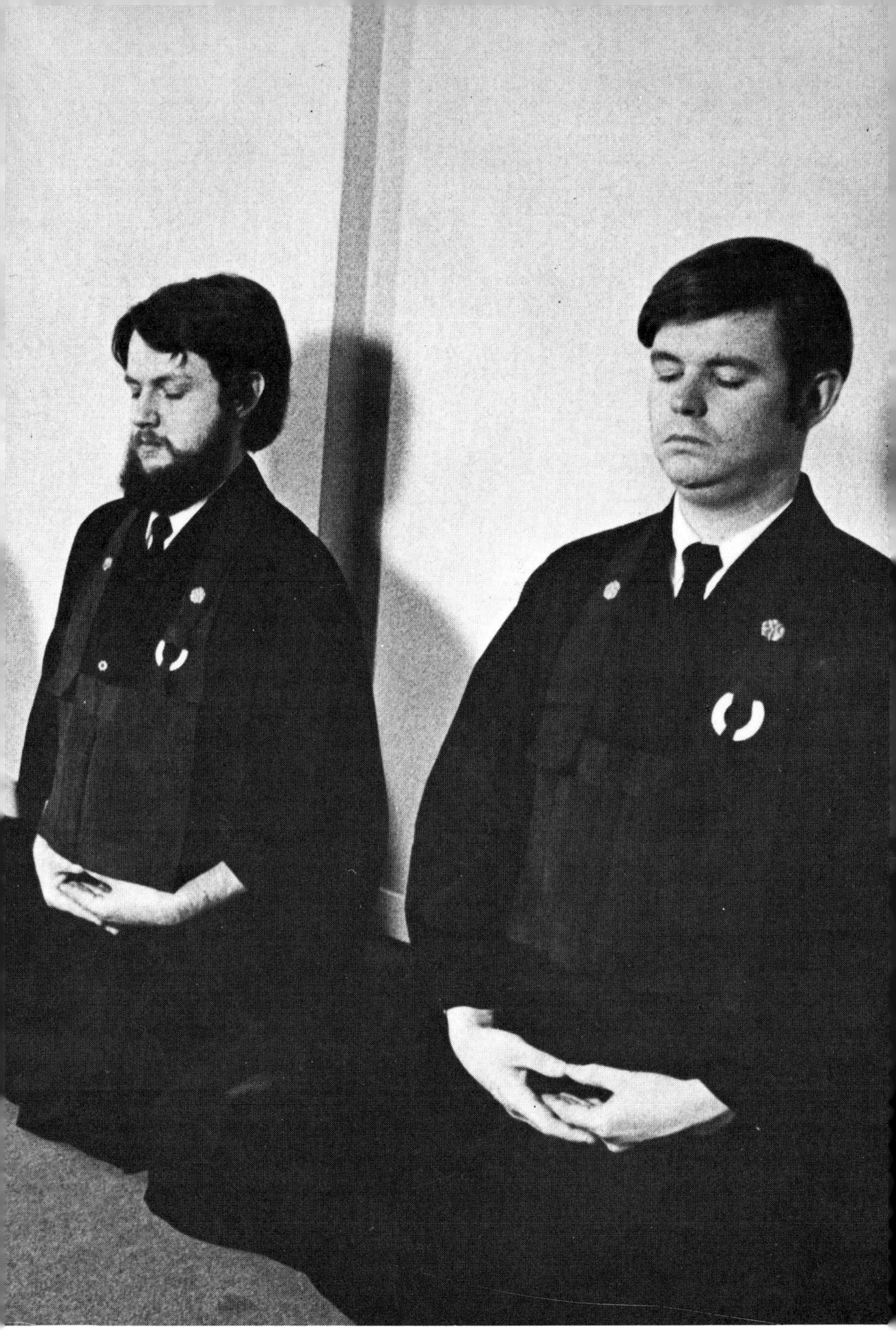

8. Eine falsche Haltung und ein unruhiger Atem beeinflussen den Geist direkt. Diese Symptome machen natürlich ein wirksames Zazen unmöglich, doch es ist ebenfalls wichtig, daran zu denken, daß sich umgekehrt auch geistige Unruhe in fehlerhafter Stellung und unruhigem Atem äußert.

9. Dies zeigt sich beides besonders deutlich an der Handhaltung. Die Handhaltung, das Symbol von Zazen, offenbart unmittelbar den Zustand des Geistes. Es kann geschehen, daß ein Meditierender, an dessen Haltung und Gesichtsausdruck nichts auszusetzen ist, vom Priester auf einmal einen Schlag mit dem Keisaku bekommt. «Woher wußte der Priester, daß ich nicht bei der Sache war?» fragt sich dann der Geschlagene. Die Antwort steht für jeden fest, der einmal während der Zen-Meditation selbst den Keisaku getragen hat. Wie makellos auch immer die sonstige Haltung und das Atmen sein mögen – fehlerhafte Handhaltung verrät unmittelbar jede mangelhafte geistige Harmonie und Konzentration. Die ideale Handhaltung, die einer flammengekrönten Kugel gleicht, ist der sichere Beweis für einen ausgezeichneten Geisteszustand; doch solche Handhaltungen sind selten. Verformungen zeigen an, daß etwas nicht stimmt, doch am schlimmsten ist es, wenn die Daumen hinabfallen, denn dies bedeutet, daß der Meditierende die müßigen Gedanken, die sein Gehirn durchziehen, genießt. Daumen, die sehr stark zusammengepreßt sind, deuten meist innere Konflikte an. All diese Handhaltungen weisen darauf hin, daß der geistige Zustand des Meditierenden nicht so ist, wie er sein sollte.

10. Zwischen Atem und Geist besteht der subtilste Zusammenhang. Da die Beziehung zwischen den beiden wechselseitig ist – der Atem kann nicht ruhig werden, wenn der Geist nicht ruhig ist und umgekehrt –, beginnen Sie die Meditation immer damit, zuerst für Regelmäßigkeit und dann für Tiefe der Atemzüge zu sorgen.

Die Meditation und ihre Zeitdauer
In Zen-Hallen kündigt ein Leiter den Beginn und das Ende jeder Sitzung durch Gongschläge oder Glockenläuten an. Dann hat man zu schweigen und sich nach den Zeichen zu richten. Jede Halle hat ihr traditionelles System. Der Beginn kann etwa angekündigt werden durch zwei Gongschläge und drei Glockenzeichen, das Ende mit zwei Glockenzeichen und einem Gongschlag. Die Zeit zwischen dem letzten Ton des ersten Zeichens und dem ersten Ton des letzten wird als Zazen-Zeit angesehen. Während dieser Zeit muß man in der Stellung verharren, ganz gleich, was geschieht. Weder Erdbeben noch Feuer sind ein Grund, die Meditation zu unterbrechen. Zum Glück sind jedoch Katastrophen selten, und das Lästigste, was passieren kann, sind Mückenstiche oder eine Biene, die irgendwo auf uns landet. Auch solche Störungen dürfen nicht beachtet werden. Ganz allgemein ist es nicht erlaubt, sich zu bewegen, sich zu räuspern oder zu husten. Wenn Stellung und Atem in Ordnung sind, dürfte aber gar kein Bedürfnis danach auftauchen.
Zwar billigt man Anfängern oft Ausnahmen zu, aber im allgemeinen gelten Schmerzen aller Grade in den Beinen nicht als Grund dafür, die Stellung zu ändern. Zazen muß eine Zeit des Schweigens und der Bewegungslosigkeit bleiben. Sollte der Meditierende einnicken, kommt der Mann mit dem Keisaku - der während des Umhergehens in der Halle ebenfalls meditiert - und weckt ihn.
Der Meditationsleiter setzt fest, wie lange jede Sitzung dauern soll. Das Minimum sind meist dreißig Minuten, das Maximum eineinhalb Stunden; der Durchschnitt liegt bei einer Stunde. Zen-Priester widmen sich Zazen an jedem Morgen eine bis zwei Stunden, den Rest des Tages verbringen sie mit Arbeit. Während besonderer, *Sesshin* genannter Perioden jedoch kann Zazen fünf bis sieben Tage ununterbrochen andauern. Weil der historische Buddha am Morgen des 8. Dezember kurz vor der Morgendämmerung die Erleuchtung erlangt ha-

ben soll, wird in der ersten Dezemberwoche eine intensive Sesshin-Meditations-Zeit abgehalten. Natürlich werden auch während dieser Zeit Essens- und Schlafpausen eingeschaltet.
Ein guter Maßstab für die Dauer von Zazen ist die Zeit, die ein Räucherstab zum Abbrennen braucht. Dieses Hilfsmittels kann sich auch der Anfänger bedienen; wenn er die Zeit für zu lang hält, kann er sich den Räucherstab auf die entsprechende Länge abbrechen. Im allgemeinen sollte Zazen für Menschen, die sich noch nicht ganz an die Erfordernisse der Meditation gewöhnt haben, nur etwa zwanzig bis dreißig Minuten dauern. Wer sehr viel zu tun hat, kann die Zeit noch mehr abkürzen, doch sollte er darauf achten, daß er jeden Tag zur gleichen Zeit meditiert.
Nach alter Überlieferung sind die Stunden vor der Morgen- und Abenddämmerung am geeignetsten für die Meditation, weil offenbar zu diesen Zeiten Körper und Geist aus einer unbekannten Quelle mit Lebenskraft gespeist werden, so daß Zazen an Intensität gewinnt. Wer jedoch an die Zen-Meditation gewöhnt ist, kann sie zu jeder Zeit wirksam ausüben. So verhilft zum Beispiel eine fünf bis zehn Minuten lange Meditation vor dem Zubettgehen zu einem besseren Schlaf. Auch ist es möglich, Atem und Herzschläge zu beherrschen, während man Zeitung liest oder Radio hört. Leistungsfähigkeit, Appetit und regelmäßige Verdauung werden gefördert, wenn man die Zazen-Stellung einnimmt und den Atem regelt. Anstatt sich ratlos am Kopf zu kratzen oder in die Pose von Rodins «Denker» zu verfallen, wenn Probleme auftauchen, sollten Sie es mit Zazen versuchen; oft ergibt sich die Lösung für eine Schwierigkeit ganz klar während der Meditation. Kurz gesagt, die Gelegenheiten, Zazen auszuüben, sind fast grenzenlos: Auch während Sie dies lesen, könnten Sie sich in der Zazen-Stellung befinden.

Aktives Zen

Zen besteht nicht unbedingt darin, daß man im Lotossitz an einem ruhigen Ort meditiert - es ist Teil jeder Handlung; ja, das Zen, das wir am nötigsten haben, wird gleichzeitig mit anderen Tätigkeiten ausgeübt.
In diesem Kapitel gehe ich auf das Zen ein, das im Gehen ausgeübt wird, das aktive Zen.
Der Mensch befindet sich immer in einer von vier Positionen: er geht (oder läuft), steht, sitzt oder liegt. Der Begriff «Zazen» bezieht sich auf die Zen-Meditation im Sitzen. Die Meditationstechnik, die man während des Gehens anwendet - im Japanischen *Jyogyo-zanmai* - richtet sich nach verschiedenen Regeln, die im wesentlichen Ratschläge dafür sind, wie ein Höchstmaß an Wirksamkeit zu erreichen ist.

Die Technik

Länge der Schritte

1. Das Ende der Fersen darf nicht über die Spitzen der Zehen hinausgehen. Mit anderen Worten, die Schritte sollten immer nur so lang sein wie ein Fuß.
2. Der Rumpf muß sich in der Stellung befinden, die man auch beim Zen im Sitzen einnimmt. Nase, Nabel und die Zehenspitzen des ausschreitenden Fußes müssen auf einer Linie liegen, die senkrecht zum Boden verläuft.
3. Die Ferse des hinteren Fußes muß immer vom Boden abgehoben sein, zum nächsten Schritt bereit.
4. Legen Sie eine Hand über die andere und halten Sie sie etwa auf der Höhe Ihres Zwerchfells. Die Ellenbogen sind seitlich

leicht angelegt, die Unterarme liegen parallel zum Boden. Die Schultern sind entspannt.

5. Die Augen sind normal geöffnet, der Blick geht geradeaus. Umherschauen und Augenrollen sind streng verboten.
6. Atmen Sie so ruhig wie während Zazen.
7. Machen Sie bei jedem zweiten Atemzug einen Schritt oder gehen Sie im Tempo der Gruppe. Obwohl der Schritt langsam ist, muß doch der Körper so stark mit Energie geladen sein, daß Sie - wenn es angeordnet wird - sofort einen weiten Sprung machen können.
8. Schreiten Sie mit festen und kraftvollen Schritten.

Abstand

Wenn die Meditation im Tempel stattfindet, schreitet die Gruppe der Meditierenden nach links in einem Kreis um das Haupt-Kultbild herum. Je nach Ort und Gelegenheit kann das

etwas anders sein, doch immer hat man dem Meditierenden zu folgen, der vor einem geht.
Die Teilnehmer müssen so weit voneinander entfernt sein, wie der Raum es zuläßt; denn falls einer der Meditierenden einen Fehler macht und die Abstände zu kurz sind, stört er die anderen. Wenn die richtigen Abstände strikt eingehalten werden, deutet das darauf hin, daß korrekt meditiert wird.

Die Anwendung des aktiven Zen

In den Zen-Sekten *Soto* und *Rinzai* wird das aktive Zen, genannt *Kinhin,* oft während langer Zazen-Zusammenkünfte eingeschaltet. So ist es den Teilnehmern möglich, unter Beibehaltung der Konzentration ihre Beine zu bewegen. Zen im Gehen allein wird jedoch als aktive Methode der Zen-Konzentration ausgeübt. Man bedient sich dabei einer Technik, die *Hanju zanmai* genannt wird oder *Butsuryu zanmai.* Die Teilnehmer gehen im Kreis um das Haupt-Kultbild herum, intonieren den *Nembutsu* oder lesen eine der Sutren. Jeder Schritt, jeder Ton muß sich auf den Gegenstand der Verehrung richten, sich auf ihn konzentrieren. In Japan hat man für diesen Zweck spezielle Tempelgebäude errichtet. In diesen steht das Haupt-Kultbild nicht im Hintergrund, sondern im Zentrum des Raumes.
Im Haupttempel der *Tendai*-Sekte wird aktives Zen im Gehen in einer interessanten Form ausgeübt, und zwar als ein kompliziertes Reinigungs-Ritual, das mehr als tausend Tage in Anspruch nimmt. Hat jemand das Ritual einmal begonnen, so darf es nicht mehr unterbrochen werden. In den ersten siebenhundert Tagen werden täglich etwa dreißig Kilometer zurückgelegt auf einer festgelegten Strecke zwischen den Tempeln und Ruinen in den Tälern und Bergen um Kyoto und in der Nähe des Hieizan, eines Berggipfels, der wegen seiner vielen religiösen Bauten und Klöster berühmt ist. An dreihundertfünfzig bestimmten Punkten muß der Teilnehmer gewisse Sutren lesen und vorgeschriebene religiöse Riten aus-

führen. Am Schluß dieses Teils des Rituals folgen neun Tage, an denen der Teilnehmer weder essen noch trinken, schlafen oder sich hinlegen darf. An den nächsten hundert Tagen zieht er zu anderen berühmten Orten in der Gegend, wobei am Tag fast sechzig Kilometer zurückgelegt werden, und schließlich beginnt ein neuer, hunderttägiger Fußmarsch durch die Stadt Kyoto, der ein Tempo von nahezu vierundachtzig Kilometer pro Tag erfordert. Dieser Periode folgt eine zweite neun Tage dauernde schlaflose Fastenzeit. Für die letzten hundert Tage kehrt der Teilnehmer zur Hieizan-Strecke zurück, wo er gleich schnell zu gehen hat wie beim ersten Mal. Nachdem dies alles geschafft ist, folgt die dritte neuntägige Fastenperiode. Es gibt mehrere Priester in Hieizan, die diese harte Prüfung bestanden haben, welche mit den nötigen Pausen sieben Jahre in Anspruch nimmt.

Im Tempel von Nikko, in dem ich wohne, gibt es eine schwierige Zen-Trainings-Form, genannt *Mineshugyo.* Sie besteht darin, daß man bestimmte felsige Berggipfel in der näheren Umgebung besteigen muß, um Geist und Körper zu schulen. Es gibt sehr anspruchsvolle Zen-Trainings-Methoden, doch die Grundidee, daß man Atem und Körperhaltung der Tätigkeit anpaßt und so völlig darin aufgeht, kann auf alles angewandt werden. Zum Beispiel auf das Autofahren. In der richtigen Stellung sitzend, den Blick auf der Straße, die Hände am Steuer, geistig ganz auf die Aufgabe konzentriert, bei tiefer und ruhiger Atmung - diese reine Zen-Einstellung kommt dem idealen Autofahren ganz nahe.

Ich möchte noch eine traditionelle Zen-Methode erwähnen. Bei dieser wird eine Hälfte der Meditations-Zeit sitzend zugebracht, während der anderen gehen die Teilnehmer in einem Kreis um das Haupt-Kultbild herum und lesen laut aus den Sutren. Diese Methode ist besonders geeignet für junge Leute, die noch wenig Erfahrung mit Zazen haben. Der Gegensatz zwischen den beiden Techniken macht diese Methode besonders attraktiv.

Sitzen und Stehen

Sammeln Sie erst den Geist. Dann machen Sie mit dem rechten Bein einen kleinen Schritt nach rückwärts. Knien Sie mit diesem Bein nieder und achten Sie darauf, daß das Gewicht des Körpers auf den Zehenspitzen bleibt. Die Hände liegen auf den Oberschenkeln. Das linke Knie kommt nun neben das rechte, die Füße werden nach hinten ausgestreckt. Setzen Sie sich auf die Fersen. Ihre Füße sollten so dicht nebeneinander liegen, daß sich die großen Zehen berühren. Zwischen den Knien ist ein Abstand von etwa acht bis fünfzehn Zentimeter. Halten Sie Ihre Hände dicht am Unterleib und sitzen Sie aufrecht.

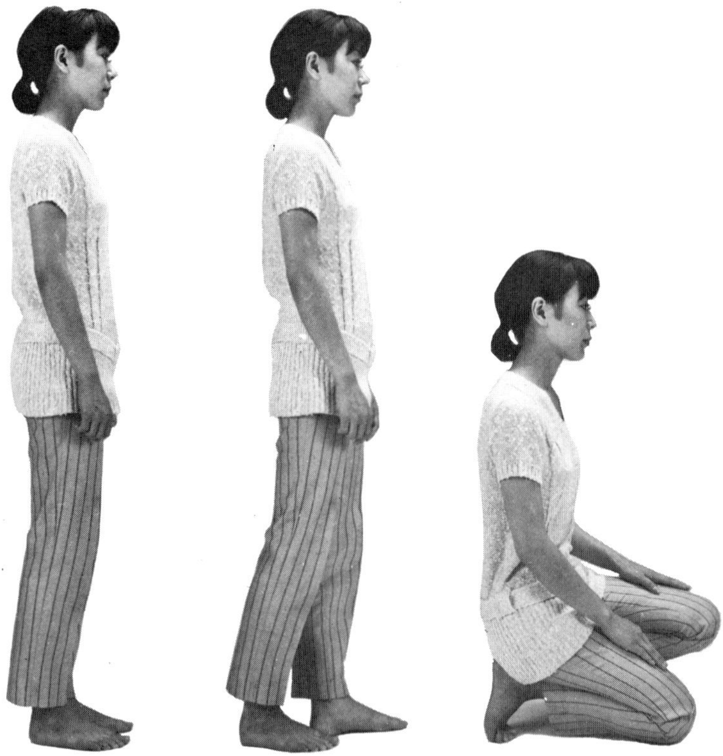

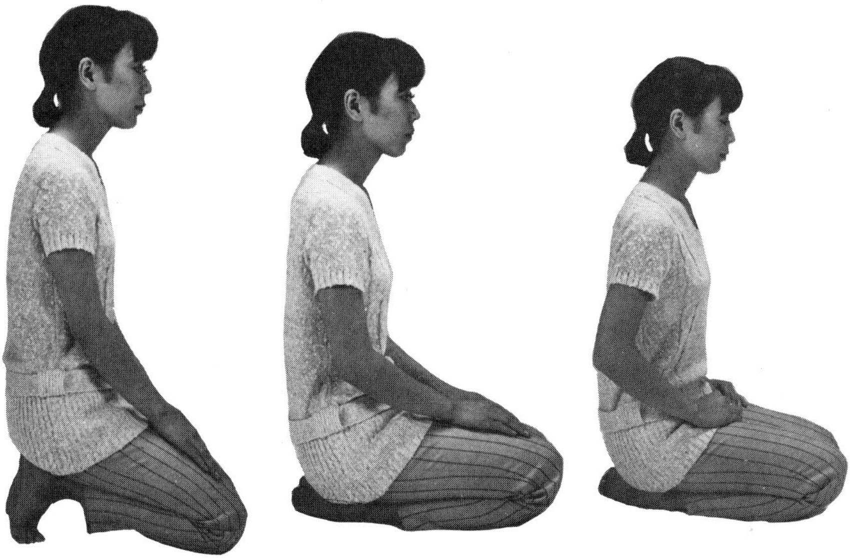

Wenn Sie auf den Fersen sitzen (siehe Abbildung) und aufstehen wollen, heben Sie zuerst die Hüften und stellen Sie die Zehen auf - zuerst die des linken und dann die des rechten Fußes. Nun setzen Sie sich wieder auf die Fersen. Heben Sie dann das linke Knie und setzen Sie den Fuß nach vorn. Tun Sie das gleiche mit dem rechten Bein und stehen Sie auf. Der Atem sollte unverändert ruhig verlaufen und der Oberkörper immer aufrecht sein.
Im allgemeinen betritt man einen Raum mit dem linken Fuß und verläßt ihn mit dem rechten. Wenn man auf das Haupt-Kultbild zugeht, macht man den ersten Schritt mit dem linken Fuß und mit dem rechten, wenn man sich von ihm wegbewegt. Wenn man sich ohne Stuhl hinsetzt, beugt man meist zuerst das linke Bein; wenn man aufsteht, beginnt man mit dem rechten Bein.

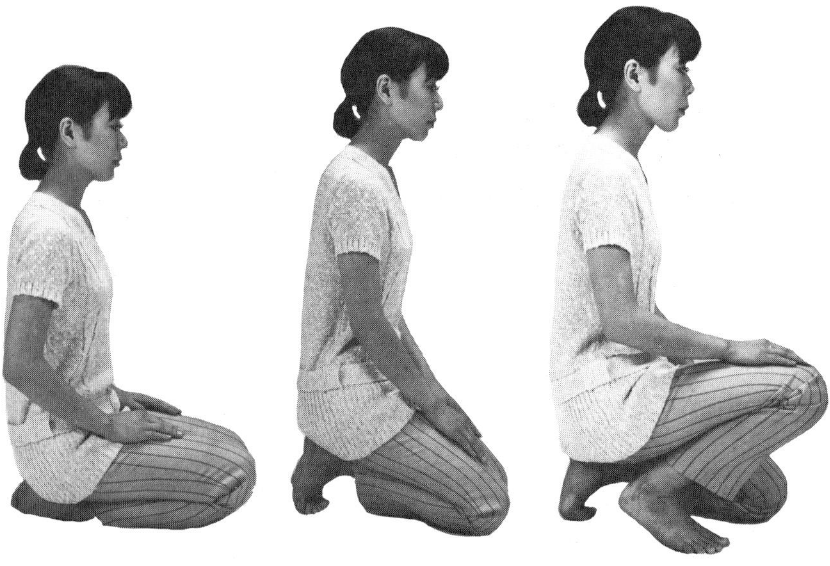

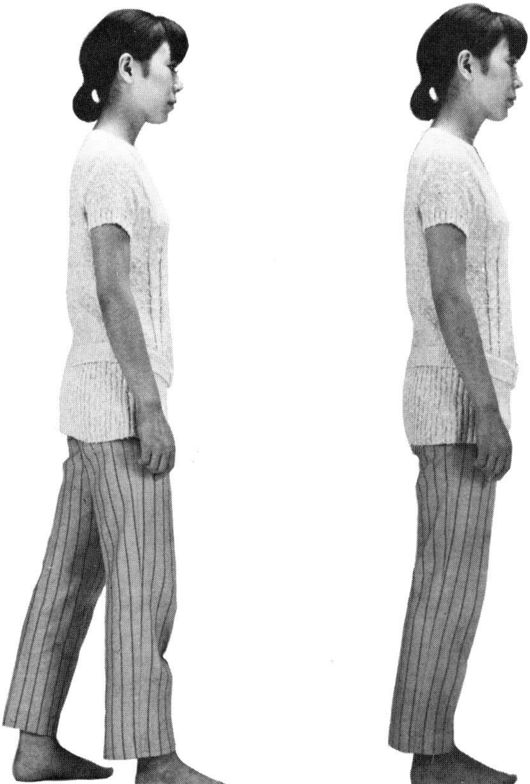

Gesten der Ehrerbietung (Gassho)

Bei dieser Geste, einer der gebräuchlichsten im Buddhismus, werden beide Handflächen aneinandergelegt, wobei die Fingerspitzen ungefähr auf Halshöhe sind. Manche Sekten schreiben vor, die Fingerspitzen bis auf Nasenhöhe zu heben, doch das ist etwas zu hoch und wirkt unnatürlich. Nachdem Sie Ihre Hände in diese Stellung gebracht haben, schauen Sie den Menschen oder den Kultgegenstand, den Sie grüßen oder ehren wollen, direkt an, sammeln Ihren Geist und verbeugen sich dann. Dabei lassen Sie die Arme seitlich fallen. Während Sie sich wieder aufrichten, gehen die Hände zu ihrer ursprünglichen Stellung zurück.

Die verschiedenen Arten der Handhaltung

Beim üblichen Gassho liegen die Hände leicht aneinander, so daß die Handteller sich nicht berühren. Diese Gebärde heißt *Koshin-gassho.* Wenn die Hände zusammengepreßt werden, so daß die Handteller sich berühren, heißt die Stellung *Kenjitsu-gassho.* Eine dritte Stellung, bei der ein kleiner Zwischenraum zwischen den Handtellern besteht, nennt man *Miburenge-gassho.* Wenn die Hände gefaltet sind, heißt die Stellung *Kimyo-gassho.* Es gibt darüber hinaus mindestens noch zwölf weitere Formen der Handhaltung. Die Zazen-Stellung, die aus dem Gassho entwickelt wurde, heißt *Hokkaijoin.* Gassho kann man stehend oder sitzend machen. Es gibt auch noch eine Gassho-Stellung im Knien, genannt *Choki-gassho,* die als Geste der Reue oder Bitte angewendet wird.

Die Ehrerweisung vor Buddha-Darstellungen

Die Ehrerweisung vor Statuen von Buddha oder vor anderen Kultobjekten (*Gotaitochi* oder *Tochirai*) erfolgt nach bestimmten Regeln:

1. Stellen Sie sich vor das Kultobjekt und legen Sie die Hände zum gewöhnlichen Gassho aneinander.

2. Knien Sie anmutig auf beide Knie nieder und setzen Sie sich auf die Fersen. Die Füße sind dabei flach ausgestreckt.
3. Beugen Sie sich vor, so daß beide Vorderarme auf dem Boden liegen, und halten Sie die Hände ausgestreckt, Handflächen nach oben. In dieser Stellung, so lehrt man uns, sollen wir uns bereit fühlen, die Füße des Buddha in unseren Händen zu empfangen. Verneigen Sie sich nun so weit, daß die Stirn den Boden berührt.
4. Wiederholen Sie diese tiefe Verbeugung dreimal.

Diese üblichste Geste tiefer Verehrung und höchsten Respektes wird meist schnell hintereinander wiederholt. Die Bewegungen müssen geschmeidig ineinander übergehen. Diese Verbeugung heißt *Sanrai.*

In manchen buddhistischen Sekten wird bei besonderen Gelegenheiten das Sanrai mehrere hundert Mal am Tag verrichtet. Es gilt als hervorragende Übung für Körper und Geist. Bei diesen Gelegenheiten wird das dynamische Zen fühlbar. Bei einem weiteren Zeremoniell, das jährlich in gewissen Tempeln stattfindet, machen die Teilnehmer dreitausend Verbeugungen im Lauf von neun Stunden.

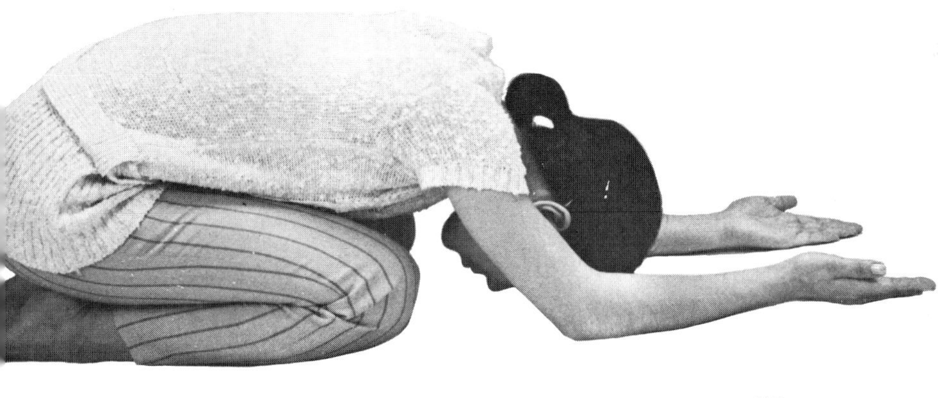

Zen und die alltäglichen Beschäftigungen

Manche buddhistischen Texte teilen die menschliche Tätigkeit folgendermaßen ein: 1. Bewegungen; 2. Stillstehen; 3. Sitzen; 4. Liegen; 5. Sprechen; 6. Arbeiten.
Die Sinne werden ebenfalls in sechs Gruppen eingeteilt: 1. Gesicht; 2. Gehör; 3. Geruchssinn; 4. Geschmackssinn; 5. Tastsinn; 6. Denken.
Zen kann zu jeder Zeit in jeder Tätigkeit, in jedem Sinn gegenwärtig sein. Ja, Zen ist nur oberflächlich, wenn es all dies nicht ganz durchdringt. (Die Gegenwart von Zen im gesamten menschlichen Dasein wird *Zuji-zanmai* genannt.) Für den Anfänger aber ist ein Tempel oder ein anderer ruhiger Ort der beste Ausgangspunkt für das Studium von Zen. Außerdem sollte man Zen in den traditionellen Stellungen und mit Hilfe der üblichen Techniken zu üben beginnen. Nachdem eine Grundlage geschaffen worden ist, kann man dann weiter aufbauen.

Zen an sich

In den vorhergehenden Abschnitten habe ich das Wesen von Buddhismus und Zen teilweise erklärt und bin im einzelnen auf die Zazen-Meditation eingegangen sowie auf andere Meditations-Methoden und die körperlichen und geistigen Voraussetzungen, die für jede Meditation notwendig sind. Es ist, glaube ich, dringend nötig, im letzten Teil des Buches diese Dinge nun in Beziehung zum täglichen Leben zu bringen und auch noch kurz die Frage der Erleuchtung zu erörtern. Ich kann nur andeutend auf dieses zentrale Thema eingehen, denn es gibt keinen genau umschriebenen Weg, der zur Erleuchtung führt. Wir sind alle verpflichtet, unseren Mitmenschen nach Kräften dabei zu helfen, dieses Ziel zu erreichen; doch letzten Endes hängt alles von jedem Menschen selbst ab. Buddha hat gesagt: «Erarbeite mit Eifer dein eigenes Heil.»

Zen und Sport

Es sind Berge von gelehrten Büchern über das Wesen des Zen geschrieben worden - auch ich habe einige verfaßt -, doch für den Laien können Auslegungen der Sutren und das Ergründen von philosophischen Tiefsinnigkeiten eher schädlich als nützlich, ja Hindernisse für ein wirkliches Verständnis sein. Zen braucht aber nicht kompliziert oder geheimnisvoll zu sein. Es ist vielmehr - oder sollte es sein - Teil von allem, was wir tun. In diesem Buch wurde in erster Linie auf die geistige und körperliche Technik von Zazen eingegangen, der Zen-Meditation im Sitzen, doch hat es keinen Sinn, das Ritual mitzumachen, wenn man nicht weiß, warum man meditiert. Auf den folgen-

den Seiten werde ich – um zur Meditation hinzuführen – Beispiele aus verschiedenen Gebieten des täglichen Lebens verwenden. Ich will damit zeigen, wie Zen eine bedeutende Rolle in jeder menschlichen Betätigung spielt.
Japanische Meisterfechter vergangener Zeiten fanden Zen in ihren Klingen: «Das Schwert und Zen sind eins», sagten sie. Etwas ähnliches könnte grundsätzlich auch ein Baseballspieler sagen, der sich zum Einsatz bereit hält. Stellen wir uns vor, daß ein Spieler, der sonst als geschickt und kraftvoll bekannt ist, im Spiel versagt hat. Wie er so dasitzt und den Kopf hängen läßt, hört er die höhnischen Zurufe des Publikums; das zerrt an seinen Nerven; er grämt sich über sein Pech. Dann kommt die Reihe wieder an ihn, er muß schlagen. Plötzlich sind die Zuschauer, die ganze Welt, ja er selbst für ihn nicht mehr da. Für ihn existiert nur das Schlagholz, das er hält, und der Ball, der bald auf ihn zukommen wird. Sein ganzes Sein, geistig wie körperlich, ist nur darauf konzentriert, den Ball zu treffen und ihn so weit wegzuschlagen wie möglich. Diese Konzentration ist reines Zen. Und im selben Moment entsteht in diesem Baseballspiel weiteres Zen: die Spieler im Feld und all die wahren Fans auf den billigen Plätzen haben nichts anderes im Sinn als den Ball. Der Fänger denkt an nichts als an seine Aktion, und alle Spieler haben für nichts mehr Augen als für das Geschehen auf dem Spielfeld. Alle anderen Gedanken sind fort, das ganze Sein ist auf den Ball konzentriert. Ist diese Konzentration nicht vorhanden, so kann es für die Spieler üble Folgen haben.
Als ich zum Beispiel einmal am Fernsehapparat ein Baseballspiel verfolgte, wurde ich Zeuge eines solchen Mangels an Konzentration. Auf dem Standplatz des Schlägers sah ich einen Spieler, der mit der Spitze seines Schlagholzes Schmutz von den Spikes an seinen Schuhen entfernte. Das machte ihn mir gleich verdächtig. Als es dann für ihn «aus» hieß, war ich erleichtert. Der Grund für das Versagen des Schlägers war weniger, daß der Werfer die Schwäche seines Gegners ent-

deckt hatte, als daß der Schläger nachlässig war und nicht bei der Sache. Natürlich kann es sogar dem besten Spieler passieren, daß es «aus» für ihn heißt. Da es sich nur um ein Baseballspiel handelt, ist es ja auch nicht so schlimm. Dem Schläger kann nichts weiter passieren, als daß er mit gesenktem Kopf auf seinen Standplatz zurückschleicht. Doch was ist, wenn sich solche Nachlässigkeiten im wirklichen Ernstfall ereignen? Wenn es sich zum Beispiel um einen Kampf mit dem Schwert gehandelt hätte, wäre der Kämpfer, der sich im entscheidenden Moment nicht konzentriert hätte, nicht mit dem Leben davongekommen. Baseball ist nur ein Spiel. Einige «aus» und einige Fehler können sich zwar auf den Ruf und das Einkommen des Spielers negativ auswirken, das Spiel aber interessanter machen. Bei einem Schwertkampf ist das etwas anderes - wenn es um Leben oder Tod geht, ist kein Raum für Nachlässigkeit und Mangel an Konzentration. Die Schwertkämpfer der Vergangenheit stählten ihren Körper und erzogen ihren Geist so weit, daß sie eine Fliege im Flug treffen konnten. Ihr Leben hing von der Geschicklichkeit ab, mit der sie ihr Schwert handhabten. Daher konnten sie auch sagen: «Zen und das Schwert sind eins.» Baseballspieler könnten sich an ihnen ein Beispiel nehmen.

Was die psychologischen Voraussetzungen betrifft, gibt es noch mehr Parallelen zwischen einem Baseballspieler und einem Jünger der Kriegskunst. Wenn ich sehe, wie ein Schläger nach dem andern erscheint, um sich am Schlagmal aufzustellen, so denke ich oft an die Männer, die beim heutigen *Kendo*, d.h. bei Wettkämpfen im traditionellen japanischen Fechten, auch darauf warten, bis sie an die Reihe kommen. Doch es gibt einen auffallenden Unterschied zwischen den beiden Gruppen. Beim Kendo wird man niemals einen Mann sehen, der mit seinem Bambus-Übungsschwert lässig auf den Boden klopft; es gibt auch nie einen Verlierer, der nach dem Kampf schuldbewußt grinsend zu seinem Platz zurückschlendert. Natürlich hängt bei einem modernen Schwertkampf nicht das Leben vom Ausgang eines Kampfes ab. Doch in vergangenen Zeiten, als die Waffen aus hartem, blinkendem Stahl waren, hing das Leben von Geschicklichkeit und Konzentration des Kämpfers ab. Auch heute noch wenden die Schwertkämpfer die gleiche Konzentration auf, wie sie einst von ihren Vorgängern verlangt wurde. Diese geistige Haltung - die Zen-Haltung - könnte auch beim Baseballspiel einen Schläger hervorbringen, den kein Werfer der Welt zu irritieren vermöchte. Auch die Werfer könnten so die geistige Kraft erwerben, nur unschlagbare Bälle zu werfen. Warum geschieht dies nicht?

Die Antwort auf diese Frage offenbart die große geistige Kluft, die Baseball von den Kriegskünsten trennt. Das kommt schon darin zum Ausdruck, wie Meister der beiden Gebiete oft beschrieben und gerühmt werden. Unsere Zeit wird von der Technik beherrscht. Auf das technische Geschick kommt es heute überall an. Wenn es also heißt, ein Schläger habe einen starken Arm oder ein Werfer ein scharfes Auge, so rühmt man seine technischen Fähigkeiten. Hervorragende Meister der orientalischen Kriegskünste jedoch wurden - und werden auch heute - gerühmt als große Männer, ja gar als Heilige des Schwertes.

Bei ihnen wird nicht ein einzelner Teil ihres Körpers - Arm oder Auge - als typisch für sie und ihre Fähigkeiten herausgegriffen. Statt dessen würdigt man sie als reife und vollkommene Menschen, die ihren Körper und Geist in der Gewalt haben. Die moderne Welt, auch die des Baseballs, übersieht diesen wesentlichen Punkt. Jeder Mann mit guten Reaktionen, schnellen Beinen und Stehvermögen kann, wenn er fleißig trainiert, ein hervorragender Baseballspieler werden, ohne daß er seiner geistigen Kraft oder dem Zustand seines eigentlichen Ich Beachtung schenkt. Diese Diskrepanz zwischen Baseball und den Kriegskünsten veranschaulicht sehr deutlich die Grenzen der modernen Gesellschaft und deutet zugleich auf die ihr innewohnende Gefahr. Da seine Entwicklungsmög-

lichkeiten begrenzt sind, erreicht der Baseballspieler einmal eine Grenze, über die hinaus es keinen Fortschritt mehr gibt, sondern nur ein Nachlassen seiner Fähigkeiten. Nehmen wir einmal an, er hat ein paar schlechte Tage und kann nicht trainieren. Das wirkt sich eine Zeitlang auf sein Spiel aus, und er beginnt sich infolgedessen Gedanken darüber zu machen, ob vielleicht seine Kräfte schon abnehmen. Wenn dies geschieht, vertieft sich allmählich die Kluft zwischen seinen hochentwickelten technischen Fähigkeiten und seinem unterentwikkelten geistigen und seelischen Gleichgewicht. Zwangsläufig wird er ein Versager und gerät in Vergessenheit. Wenn jedoch Zen und das Schlagholz - Geist, Körper und all seine Fähigkeiten - eins wären, würde keine solche Kluft existieren.
Beim Baseballspieler besteht dieser Zwiespalt - und er besteht auch beim Spiel selbst. Verteidigung ist Verteidigung und Angriff ist Angriff. Ein Spieler, der zu den Angreifern gehört, befaßt sich nicht mit der Verteidigung, und umgekehrt. Dieses Aufteilungs-Prinzip wirkt sich aus auf Spieler, die nur eine Position beherrschen, und erreicht seinen Tiefpunkt bei dem Spieler, der nur vor den Tribünen glänzen will und nicht an das Abschneiden des gesamten Teams denkt. Das sind die Männer, die rauchend oder gähnend dastehen und auf ihren Starauftritt warten. Das sind auch die Männer, die albern grinsend zur Bank zurückschlenkern, wenn das gerechte «aus» erfolgt ist.
Lassen Sie mich noch einmal zurückkehren zu meinem liederlichen Freund, der im Schlägerfeld stand und lässig den Schmutz aus seinen Spikes entfernte. Was tat er in Wirklichkeit? Er demonstrierte seinen völligen Mangel an Konzentration. Wenn der ausschlaggebende Moment kommt und der Ball die Hand des Werfers verlassen hat, dann ist es nicht nur der Arm oder die Schulter des Schlägers, sondern sein ganzer Körper, der beim Spiel eingesetzt werden muß. Und in dem Moment ist das Schlagholz nicht länger ein Stück Holz: es muß zum Teil des Körpers werden. Wenn der Schläger so

denken würde - würde er dann sein Schlagholz beschmutzen und mit den grausam scharfen Metallspikes zerkratzen? Sicherlich genausowenig wie er seine Finger mit dieser Arbeit beschmutzen oder zerkratzen würde. Die Tatsache, daß der Schläger das Schlagholz nicht als Teil seiner selbst ansieht - nicht nur während des Schwunges, sondern auch sonst - weist auf den tiefen Unterschied zwischen diesem Sport und den Kriegskünsten vergangener Zeit hin. Ein Samurai verbrachte oft Stunden damit, schweigend die Klinge seines Schwertes zu polieren, denn er fühlte - und sagte es auch oft -, daß das Schwert die Seele des Kriegers sei. Und dabei ging es nicht um das Metall oder die Qualität der Klinge oder den Preis der Waffe. Der Krieger kümmerte sich um sein Schwert wie um seinen eigenen Körper, weil seine Einstellung zum Schwertkampf ihn davon überzeugte, daß es ein sehr wichtiger Teil seines Geistes und Körpers sei. Der Anhänger der Tee-Zeremonie, der Blumenmeister, der Schriftkünstler - sie alle behandeln ihre Werkzeuge und Geräte mit geradezu liebevoller Sorgfalt, ein symbolischer Ausdruck ihres Glaubens, daß sie und ihre Kunst eins sind: Zen ist die Tee-Zeremonie, Zen ist der Schwertkampf, Zen ist die Schreibkunst, Zen ist Judo und - Zen kann Baseball sein. Und da Baseball ein sehr populärer Sport ist, hoffe ich, daß die Spieler eines Tages sagen können: «Mein Sport und Zen - was ich tue und mein Geist und meine Seele - sind eins.»

Ich hoffe, der Leser wird jetzt, wo ich mich kritisch mit Baseball befaßt habe, nicht daraus schließen, daß ich etwas gegen dieses Spiel habe. Das ist nicht der Fall, aber das Spiel bietet eine Anzahl guter Beispiele für die moderne Spaltung zwischen Geist und Körper, die Zen heilen möchte. Ich kann - und auf den folgenden Seiten werde ich es tun - auch Beispiele aus anderen Gebieten nennen.

Zen und Beruf

Eine Gruppe von Großunternehmen machte sich Gedanken über die Mechanisierung und Automatisierung, die Tausenden von Angestellten wichtige menschliche Werte nehmen. Um Abhilfe zu schaffen, machten sie ein interessantes Experiment. Sie wählten eine bestimmte Anzahl von neuen Angestellten aus - alle Abiturienten, manche spezialisierte Hochschulabsolventen - und schickten sie für die Dauer von drei Tagen und zwei Nächten in einen Zen-Tempel, um Zazen zu üben. Die Unternehmen baten, daß die Priester keine Rücksichten nehmen und diese Leute behandeln sollten wie alle anderen Novizen. Die Absicht dieser Firmen war bewundernswert, und das Experiment hatte auch einigen Erfolg, aber die Methode selbst ist doch fragwürdig. Ich werde gleich erklären, weshalb. Natürlich verdient aber der Wunsch, das Verständnis für Zen zu wecken, um die Freude am Leben zu erhöhen und die Arbeitskraft zu steigern, hohe Anerkennung.

Als die Trainingszeit vorüber war, wurde von den Unternehmen eine Umfrage durchgeführt, um die Eindrücke der Teilnehmer festzustellen. Dabei zeigte es sich, daß die meisten Kommentare sich mit dem großen Unterschied zwischen der Welt dieser jungen Leute und der Welt des Zen-Tempels befaßten. Das überrascht nicht. Diese Leute kamen ja direkt aus dem Getöse und grellen Licht überfüllter Städte; aus Städten, die in verschmutzter Luft ersticken, vom Lärm betäubt, durch Verbrechen und Ausschweifungen aller Art besudelt sind. Die jungen Leute kamen unvermittelt hinein in das Schweigen und die Ruhe des Tempels. Das mußte für die Teilnehmer überraschend, wenn nicht sogar erschreckend sein. Und hierbei zeigte es sich, daß der Wunsch der Unternehmen, daß auf die Teilnehmer keine besondere Rücksicht genommen werden sollte, falsch war.

Die Priester folgten ganz ihrer festgelegten Routine, sie widmeten sich der Meditation, übten ihre täglichen Pflichten aus, aßen, badeten und taten alles in der ruhigen Gelassenheit, die von Zen bewirkt wird. Da man den jungen Leuten keine einführenden Anweisungen gab, hätten sie alles so tun müssen wie die Priester. Aber ist das möglich? Jeder Priester verbringt fünf, zehn oder mehr Jahre mit der Schulung. Es gibt dabei viele Entmutigungen, ja Zornausbrüche, bis man schließlich so weit Sieger über sich selbst ist, daß das Leben im Zen-Tempel so natürlich wie das Atmen wird. Wieviel davon können junge Leute aus einer lärmenden Welt der Selbstsucht und des Materialismus in drei Tagen und zwei Nächten erreichen? Obwohl sie versuchten zu tun, was ihnen befohlen wurde, obwohl sie sitzend meditierten, bis ihre Beine schmerzten, konnten sie ja niemals mehr als einen allgemeinen Eindruck von dieser Lebensweise bekommen. War es also richtig, sie dieser Übungszeit auszusetzen? Ich beantworte diese Frage mit einer anderen. Wäre es ratsam, einem Neuling die Bedienung einer komplizierten Maschine zu überlassen, die sonst von einem ausgebildeten Facharbeiter mit langjähriger Erfahrung bedient wird? Ich glaube, diese Firmen hätten viel besser daran getan, den jungen Leuten die Möglichkeit zu geben, ein paar Tage lang das Leben in einem Tempel zu beobachten, ohne selbst an den Übungen teilzunehmen. Nach einigen Tagen des Zusehens und Zuhörens hätten vielleicht manche der jungen Leute ein echtes Interesse an Zen gefunden. Die Firmen hätten dann diese Leute zu einem längeren Zen-Kurs schicken können. Natürlich wäre das zunächst mit einem längeren Arbeitsausfall verbunden gewesen, der jedoch durch den schließlichen Erfolg - mehr Begeisterung und mehr Tüchtigkeit - wettgemacht worden wäre. Kurz gesagt, Zen ist keine Sache, die in ihrer Tiefe in kurzer Zeit auch nur annähernd erfahren werden kann.

Ein weiterer Kommentar - und er ist noch alarmierender - betraf die strenge Disziplin des Tempels: sie wurde allgemein gerühmt, was darauf schließen läßt, daß die jungen Leute noch nie etwas Ähnliches erlebt hatten. Viele von ihnen sagten, daß die strenge Selbstbeherrschung des Tempellebens ihnen in ihrem Beruf gut zustatten kommen würde. Natürlich ist Disziplin wichtig, doch können diese jungen Leute wirklich ein richtiges Bild von der Disziplin in einem Zen-Tempel bekommen haben?

Zen und Disziplin

Ältere Leute, die sich noch an die frühere Musterung und Einziehung zum Militär aller gesunden jungen Männer in Japan erinnern können, klagen darüber, daß die Jugend heute kein Rückgrat habe, daß sie aufsässig und unerzogen sei. Obwohl die meisten dieser Leute froh darüber sind, daß die Zeiten der Militärvorherrschaft vorbei sind, die diese Zucht mit sich brachte, ist ihnen doch klar, daß die militärische Disziplin durch nichts ersetzt wird, weder durch die Erziehung zu Hause noch die in der Schule. Die Firmen, die sich zu dem oben erwähnten Experiment entschlossen, waren zweifellos der gleichen Ansicht und verfielen auf Zen - als ausgezeichnetes Mittel, um die Jungen zu stählen und zu eifrigeren Angestellten zu machen. Hier waren sie jedoch im Irrtum. Die Zen-Disziplin muß von innen kommen - sie besteht nicht in bestimmten Verboten, die von außen auferlegt werden.
Um die Regeln zu bezeichnen, die das Leben und Verhalten im Tempel beherrschen, wird im Japanischen der Ausdruck *Kairitsu* gebraucht. Bei dieser Wortzusammensetzung stimmt *«Kai»* ganz mit dem Wesen von Zen überein, wogegen *«Ritsu»* mit Zen im Widerspruch steht. «Ritsu» bedeutet Gesetz, es ist negativ, verbietend und meint Unterordnung. Kurz gesagt, es will sagen: «Du sollst nicht.» «Kai» jedoch ist positiv und ermahnend; es bedeutet: «Du sollst»; es will den menschlichen Charakter verbessern und durch ihn die menschliche Umwelt.
Die Gesetze (Ritsu), nach dem Tod des historischen Buddha verfaßt, wurden erlassen, um in den vielen buddhistischen

Gruppen und Gemeinschaften, die sich in Indien ausbreiteten, Ordnung aufrechtzuerhalten. Es sind rund zweihundertfünfzig Verbote, und ihre Überschreitung bedeutet, daß die Welt sich von dem Schuldigen abkehrt. Die Ritsu haben viel gemeinsam mit modernen Zivil- und Strafgesetzen - sie befassen sich mit der niedrigsten Stufe des menschlichen Charakters. Wer sich ihnen widersetzt, ist ein Verbrecher. Das Gesetz spricht sich zwar nicht gegen den Menschen aus, der Mord in seinem Herzen begeht, ihn jedoch nicht ausführt, aber es greift mit aller Strenge ein, wenn die Tat begangen und aufgedeckt ist.
Bei Kai dagegen liegt das Gewicht auf den Gefühlen im menschlichen Herzen, die zu Taten führen können. Um es noch einmal kurz zu sagen - Kai sind Ermahnungen um der Besserung der ganzen Menschheit willen, wogegen Ritsu Einschränkungen sind, die nur auf den begrenzten Bereich der Priester und des Tempellebens anwendbar sind.
Die jungen Leute, die an den ermüdenden Zazen-Zusammenkünften teilnahmen und erlebten, wie die Priester in vorgeschriebener Form badeten und schweigend ihre Mahlzeiten einnahmen - alles in der gleichen Atmosphäre von Ruhe und Ordnung - folgerten daraus, daß Zen starre Härte sei. Das ist jedoch ein Fehlschluß. Was sie als von außen auferlegtes Gesetz ansahen, ist eine von innen kommende geistige Selbstreinigung, beruhend auf den Ermahnungen, die in Kai ausgedrückt sind. Seit der Zeit des Dengyo Daishi, eines großen Priesters der Heian-Periode (794–1185), der mit der Tradition des hinderlichen und geistig lähmenden Ritsu brach, hat die japanische Priesterschaft im allgemeinen die Gesetze außer acht gelassen und ist den Ermahnungen gefolgt. Das gilt vor allem für Zen, und wer diese Tatsache übersieht, versteht nicht, was Zen ist.

Zen und Sie selbst

Um zwischen den vorhergehenden und den nun folgenden Erörterungen überzuleiten, will ich kurz wiederholen. Ich habe also gesagt, daß Zen überall und in allem ist, daß es eine Einheit zwischen Geist und Körper schafft und daher auch zwischen dem Menschen und seiner Tätigkeit. Ich habe auch erklärt, daß man Zen nicht innerhalb kurzer Zeit meistern kann, und daß seine Regeln ermahnend und positiv und nicht verbietend und negativ sind. Ich möchte nun ein paar Beispiele dafür geben, wie Zen in manchen Erscheinungen unseres Lebens enthalten ist.

Zen ist wie die Luft: es ist um uns herum, wir atmen es, leben in seiner Umgebung, doch wir können es nicht mit den Händen fassen und wir brauchen es nicht zu suchen. Zum Beispiel ist die volle Kraft eines Bildes oder eines Musikstückes nur dann gegenwärtig, wenn der Zuschauer oder Zuhörer ihm ganz und ausschließlich hingegeben ist. In solchen Augenblicken ist er ebenso im Zen-Zustand wie ein Priester im Tempel. Wenn eine Frau in ihrer uralten Sehnsucht mit ihrem ganzen Sein - ihrem Körper und Gesicht, ihren Kleidern, Kosmetika, ihrer Stimme und Bewegung - nach Schönheit strebt, so lebt sie in einem Zen-Zustand. Und weil sinnvoller Sex Leib und Seele voll in Anspruch nimmt, ist er ein ausgezeichnetes Beispiel für Zen; er ist doppelt wertvoll durch die Tatsache, daß seine Freude nicht um den Preis von Schmerz oder Verlust des einen Partners erkauft wird, sondern vollkommen gegenseitig ist. Der Mann, der in seiner Arbeit aufgeht, die Mutter, die ihr Kind stillt, der Schauspieler, der ganz in seiner Rolle lebt - sie nehmen alle, ob sie es wissen oder nicht, an der Ganzheit teil, die das wahre Zen ist. Diese Beispiele sind leicht zu begreifen, doch es gibt andere, weniger offensichtliche.

Wenn man lacht, so soll man es mit Leib und Seele tun. Ein halbes Lachen ist überhaupt kein Lachen. Ein vollkommenes Lachen jedoch enthält auch das Wissen um Schmerz und Tränen, die ebenfalls Teil des Menschenloses sind. Zen ist in einem befreiten Lachen, doch Zen ist auch im hemmungslosen Weinen. Da die ganze Welt und damit unser Ich nur Dreck und Elend ist, so laßt uns denn in Tränen ertrinken. Wenn Schluchzen am Platz ist, so muß es umfassend sein, denn wer einen Teil des Kummers in seinem Herzen zurückhält, behält ihn dort für immer. Wer aber mit seinem ganzen Wesen weint, der schließt das Bestehen und künftige Wiederkommen von Lachen und Freude mit ein. Das gilt für jede schmerzliche Situation, auch die einer verlorenen Liebe.

Aber: kann es denn verlorene Liebe geben? Die Zen-Antwort ist nein, denn eine Liebe, die verlorengehen kann, ist keine Liebe. Wenn man sich mit der Natur aller Dinge abfindet, kann man dies erfahren. Sich abfinden bedeutet in diesem Zusammenhang allerdings etwas ganz Besonderes: es ist ein buddhistischer Begriff, und es ist damit nicht gemeint, etwas aufzugeben, bevor es fertig ist, sich zu ergeben oder zu verzichten. Nein, er bedeutet: die Wahrheit wissen. Und die Wahrheit läßt sich nur erfahren durch ständige, ehrliche, freimütige Prüfung des Selbst und der Welt, bis beide aufhören zu existieren. Zen muß Teil sein von allem, was man tut, denn nur so können wir die Dinge klar sehen. Zen ist grenzenlos. Es umfaßt das Einfache und das Schwierige. Um diesen Weg zu gehen, muß man zuerst das ergreifen, was verständlich ist, muß es sich zu eigen machen, es hegen und es seine besonderen Feinheiten selbst entwickeln lassen. Als ich erklärte, wie man am besten Zazen ausübt, wies ich darauf hin, daß man zuerst den Körper zur Ruhe bringen, dann den Atem regulieren und schließlich das geistige Gleichgewicht herstellen muß. Diese Reihenfolge zeigt, was ich mit dem Satz meine: «Ergreifen Sie zuerst, was verständlich ist.» Das Schwierigere wird dann mit der Zeit klar werden.

Das Tempelleben

In einem Buch dieses Umfangs ist es unmöglich, viel über das höchste Ziel von Zen zu sagen, die Erleuchtung. Im vorhergehenden Kapitel sagte ich, daß Zen-Disziplin und Meditation dem Menschen dabei helfen sollen, einen Zustand zu erreichen, in dem er nicht länger den Dingen verhaftet ist, und in dem er, ohne auf Verstand oder Logik angewiesen zu sein, die Wahrheit intuitiv erfaßt. Man braucht viele Jahre dazu, um diese befreiende Erleuchtung zu erfahren, und niemand kann einen geraden Weg dazu weisen. Trotzdem kann es aufschlußreich sein, zu erfahren, was Zen-Priester auf ihrer Suche nach Erleuchtung tun.

Die Dokusan-Zwiegespräche

Nicht weit von der Haupthalle eines Zen-Tempels entfernt liegt ein kleiner Raum, in dem ein erfahrener Priester mit seinen Schülern einzeln spricht. Niemand weiß, was bei so einem Gespräch gesagt wird, und nicht einmal dem jüngsten Priester im Tempel würde es - trotz vielleicht anfänglicher Neugier - einfallen, danach zu fragen; denn wer über dieses Thema nachdenkt, weiß, daß das, was in diesem Raum geschieht, so verschieden sein kann, wie Menschen verschieden sind. Gewöhnlich nimmt ein älterer Priester einen jüngeren in seine Obhut. Nach einer formellen Zeremonie, die dieses Verhältnis offiziell begründet, darf der jüngere Priester den kleinen Raum aufsuchen, und es gibt zwei bis drei bestimmte Zeiten am Tag, zu denen er es tun muß. Beim Klang einer Glocke verlassen die Priester, die um ein Gespräch gebeten haben, die Haupthalle, eilen zu einem Warteraum beim Zimmer des Meisters und setzen sich im Zen-Stil in der Reihenfolge ihres Eintreffens hin. Eine andere Glocke ruft dann den ersten der Wartenden, und er muß eine Antwortglocke läuten. Die Art, wie er die Glocke betätigt, und das Geräusch seiner Schritte auf dem Korridor sagen viel über seinen Zustand. Manchmal sind diese

Geräusche so zaghaft und bebend, daß der Meister «zurück» sagt, noch bevor der Schüler die Schiebetüren geöffnet hat, die zum Gesprächsraum führen. Im allgemeinen jedoch öffnet der junge Mann ruhig und ehrfürchtig die Türen, verbeugt sich vor dem älteren Priester, der schweigend in der Mitte des Raumes sitzt und sich ebenfalls verbeugt, tritt ein, schließt die Türen, und das Zwiegespräch beginnt. Wenn es zu Ende ist, läutet der ältere Priester eine Glocke, um anzuzeigen, daß der Schüler gehen und der nächste kommen kann. Die beiden schreiten auf dem Korridor schweigend aneinander vorbei.
Jeder Meister teilt seinen Schützlingen ein paradoxes Problem *(Koan)* zu, das er lösen muß. Es geht dabei jedoch nicht um eine logische Lösung wie bei der Mathematik. Der Koan, ein tiefsinniges Mittel zur Meditation, lehrt, daß es unmöglich ist, sich auf den Verstand zu verlassen. Daher kann seine Lösung viele Jahre in Anspruch nehmen. In jenem kleinen Raum ist der Koan das zentrale Gesprächsthema. Ein berühmter Priester neuerer Zeit, der am Kencho-ji in Kamakura tätig war, zwang seine Priester oft dazu, über denselben Koan zehn bis fünfzehn Jahre lang nachzudenken. Er sagte, daß er ein anderes Paradoxon zuteilen werde, sobald das erste nicht mehr interessant sei, doch er werde keinem Priester erlauben, einen Koan vorzeitig aufzugeben, weil der nächste große Schwierigkeiten machen würde, wenn der erste nicht wirkliche geistige Resultate erbracht habe. Sicher gibt es für einen Priester viele Stunden der Erbitterung und Enttäuschung, wenn er Jahre über einem einzigen Problem zubringen muß, doch der wirklich fähige Lehr-Priester – zu denen ich auch den berühmten Priester aus Kamakura zähle – hat immer die Gabe, den Schüler zu ermutigen und sein Interesse wachzuhalten.
Da es tausendsiebenhundert von altersher überlieferte Koans und keine Grenze für die neuen gibt, die noch ausgedacht werden können, ist es oft ratsam, durch einen Wechsel des Problems neues Interesse zu wecken. Doch auch so ist der

Vorgang noch lang. Tausende von Koans sind noch da, und ein Mensch kann fünf oder zehn Jahre über einem einzelnen Problem verbringen. Es läßt sich denken, wie groß seine Enttäuschung und Niedergeschlagenheit ist, wenn er immer wieder hören muß: «Du bist noch nicht bereit.» Wie oft wird er seine Situation als lächerlich empfinden und den Wunsch haben, davonzulaufen. Wie oft wird er verletzt und gedemütigt sein. Manchmal sind Schläge der Lohn für Unaufmerksamkeit oder mangelnden Fortschritt. Doch andererseits hat wohl auch der Lehr-Priester oft das Bedürfnis, sich mitfühlend zu zeigen und dem Schüler auch einmal etwas durchzulassen, um ihm mitleidig zu helfen. Doch das darf nicht sein, und so ist auch die Aufgabe des Meisters nicht einfach.

Dokusan findet in der Form von Fragen und Antworten zwischen dem Lehrer und seinem Schüler statt, wobei der Koan, mit dem sich der Jüngere zu befassen hat, das Hauptthema ist. Diese Fragen und Antworten im Zen werden von Außenseitern oft als wenig einleuchtend, als hinterhältiger Trick oder leere Geistreichelei angesehen. Nichts davon trifft natürlich zu, doch die Prozedur ist rigoros und besteht aus ständigen Wiederholungen. Oft sieht der Schüler vor Wut über die unbarmherzige Hartnäckigkeit seines Meisters rot. Dokusan findet zudem oft in den späten Abendstunden statt oder in kalten Nächten. Dann muß sich der junge Mann, der ohnehin an Schlafmangel leidet, von seinem Schlafraum zu dem kleinen Zimmer schleppen und eindringlichen Befragungen über schwierige und unlogische Gedankengänge unterziehen. Und wenn er döst, kann es Klapse, ist er nachlässig, kann es Schläge geben. Ist es ein Wunder, daß Zorn oft seinen Geist überflutet, so daß er nur den einen Wunsch noch spürt, seinen Peiniger so lange zu schlagen, bis er um Gnade bittet? Um solchen Angriffen zuvorzukommen, hat der ältere Priester einen großen Stock vor sich. Ein wirklich großer Zen-Lehrmeister greift allerdings nicht zu solchen Mitteln, und er wird nie auch nur die Stimme laut erheben.

Zen und Kendo

Kendo, das japanische Fechten, ist ein interessantes Beispiel für den Zen-Zustand der totalen Versenkung in eine Tätigkeit. In den Trainingshallen unterziehen sich die jüngeren und älteren Kendo-Schüler meist täglich miteinander ihren anstrengenden Übungen. Doch einmal im Monat gibt der Leiter der Schule persönliche Lehrstunden, indem er mit jedem Schüler einen Fechtkampf durchführt. Dieser monatliche Kampf hat eine äußerst wichtige psychologische Funktion. Er lehrt den jungen Mann, sich bestimmten Situationen als einmaligen, nie wiederkehrenden Ereignissen zu stellen. Der Schüler, der einem Meisterfechter gegenübersteht, dem er nicht gewachsen ist, versucht verzweifelt zu gewinnen. Doch seine forschen Angriffe werden mit leichten Schlägen oder gelegentlich mit einem betäubenden Hieb auf den Kopf beantwortet. Ärger und Scham darüber, so geringschätzig behandelt zu werden, treiben den jungen Mann allmählich bis zu einem Punkt, wo für ihn der Kampf aufhört, ein Sport zu sein. Er vergißt die ihm zugemessene Zeit, stürzt sich auf seinen Gegner und versucht ihn mit allen Mitteln, auch mit Angriffen von hinten, zu bezwingen. Das ist dann nicht mehr das Kendo, wie es in der Trainingshalle geübt wird - der junge Mann will keine Regeln mehr beachten und möchte mehr als nur ein Bambusschwert in der Hand haben: er will ernstlich kämpfen. Mit anderen Worten, er ist in einen Zen-Zustand hineingezwungen worden. Er weiß auf einmal intuitiv, daß Zen nicht aus Worten oder Phrasen besteht, nicht aus Regeln oder hölzernen Waffen: Zen ist die glänzende, stählerne Klinge der Wahrheit. Und der Kampf, den er ausficht, ist einmalig, niemals wiederholbar, und nimmt ihn ganz in Anspruch. Bei der Zen-Lebensweise muß jede Erfahrung von ebensolcher Art sein.

Satori oder die Erleuchtung

Beim Kendo gibt es blitzartige Einsichten, doch sie sind nicht gleichbedeutend mit der wahren Erleuchtung, dem Ziel von allen Zen-Übungen. Um dorthin zu kommen, bedarf es vieler weiterer Gespräche über den Koan und vieler Meditationen. Die Frage-Antwort-Sitzungen erstrecken sich oft über so viele Jahre, daß der Befragte und der Fragende nichts mehr zu sagen wissen und immer dieselben Bemerkungen wiederholen. Der Priester intoniert sein «Du bist noch nicht bereit», doch gelegentlich sagt er auch ein lobendes Wort. Wie groß ist dann des jüngeren Priesters Glück, wie leicht sein Schritt, wenn er nach der Meditation zur Haupthalle zurückkehrt. Bis ihm plötzlich klar wird, daß der Priester ihn heute für etwas gelobt hat, was ihm eine Woche zuvor «nicht bereit, nicht bereit» eingebracht hatte. Die Worte des Lobes hatten die gleiche Bedeutung, wie wenn eine Mutter zu ihrem Kind, das gerade zu laufen beginnt, sagt: «So ist es richtig, wie geschickt du doch bist!» Nicht mehr und nicht weniger. Dann beschließt der Schüler, seinen Koan allein zu lösen, dann glaubt er, daß er die Hilfe des alten Mannes nicht mehr braucht. Er setzt nun entschlossen die Meditation fort, gewillt, die Lösung selbst zu finden. Eines Tages jedoch wird er zurückkehren zu dem alten Mann, der in dem kleinen, stillen Raum immer noch auf ihn wartet, und er wird voller Dankbarkeit sein; denn die Beziehung zwischen diesen beiden wird allmählich so eng wie die einer Henne zu ihrem Küken, das kurz vor dem Ausschlüpfen steht.

Wenn das Küken zum Ausschlüpfen bereit ist, pickt es mit seinem kleinen Schnabel an die Innenwand des Eis. Die Mutter wird ihm vielleicht von draußen helfen, pickend und leise gluckernd. Doch wenn sie es zu eilig hat, weil sie es nicht mehr erwarten kann, das Küken zu sehen; wenn sie die Schale zerbricht, bevor das Küken bereit ist, so wird das kleine Leben sofort ausgelöscht. Ebenso darf auch der Priester nicht die Schale seines Schützlings um die erleuchtende Wahrheit zerbrechen, bevor die Zeit reif ist. Die Erleuchtung wird stattfinden, doch niemand kann sagen, wodurch sie ausgelöst wird. Es kann etwas ganz Triviales sein; es kann in jeder Situation menschlichen Lebens geschehen. Wir haben in Japan einen weichen, geleeähnlichen Bonbon, der *Yokan* heißt. Er wird manchmal in kleinen Gummi- oder Plastikhäutchen verkauft, die ganz aufplatzen, wenn man sie mit einem Zahnstocher ansticht. Die Haut ist so straff gespannt, daß das kleinste Loch genügt, um sie aufplatzen zu lassen und die köstliche Süßigkeit freizugeben. Dabei ist es ganz gleich, an welcher Stelle der Haut das kleine Loch gemacht wird - die Wirkung ist immer die gleiche.

In mancher Hinsicht ähnlich wie das ausschlüpfende Küken und der Bonbon in der straffen Gummihaut wird auch die Erleuchtung aus inneren Kämpfen geboren und mit äußerer Nachhilfe; sie darf nicht erzwungen werden, sonst wird sie zerstört. Niemand kann sagen - und es ist auch nicht wichtig - welcher Antrieb sie ans Licht bringt oder wo und wann dies geschieht.

Der Weg ist nicht leicht. Es gibt Zeiten, da man sich frei und glücklich fühlt, als stehe man auf einem hohen Gipfel mit atemraubender Aussicht. Es gibt andere Zeiten, da man blind durch ein Gewirr und Dickicht von Schwermut und Trübsinn tappt - doch der Weg des Zen ist wunderbar, denn selbst wenn man fällt, fällt man bergauf. Das heißt, es gibt keine Gipfel, über die man nicht hinauskommt. Wenn ein Gipfel erreicht ist und der Weg führt scheinbar abwärts, so führt er in Wirklichkeit hinauf, denn sogar der Abstieg muß Teil einer ganzen, aufsteigenden Entwicklung sein.